Reihe Hanser 170

Klaus Kirchner · Flugblätter
Psychologische Kriegsführung im Zweiten Weltkrieg in Europa

Flugblätter als psychologisches Kampfmittel oder als Nachrichtenträger wurden während des Zweiten Weltkriegs in einem Umfang eingesetzt wie niemals vorher. Die Schätzungen liegen bei etwa 30000 verschiedenen Flugblättern und Flugschriften. Eigene Propagandaabteilungen steuerten zentral und auf den einzelnen Kriegsschauplätzen die »Feindbeeinflussung«.
Aus einer umfangreichen Sammlung von Flugblättern und Flugblattzeitungen, die in Millionen-Auflagen verbreitet waren und heute oft nur als Unikate erhalten geblieben sind, hat Klaus Kirchner eine Auswahl getroffen und chronologisch geordnet. Die deutschen, französischen, anglo-amerikanischen und russischen Blätter werden sorgfältig faksimiliert und den jeweiligen politischen oder militärischen Ereignissen zugeordnet. Beispiele von Fälschungen und umgedrehten Flugblättern machen die Propagandaabsicht besonders deutlich. Das Überraschendste ist: Die Glaubwürdigkeit eines Flugblatts hängt nicht vom objektiven Wahrheitsgehalt ab, sondern von der Wahrscheinlichkeit, die für seine Information spricht.
Kirchner dokumentiert die offiziellen Anweisungen des deutschen Propagandaapparates und die Organisation der englischen Feindpropaganda an exemplarischen Beispielen.

Reihe Hanser 170

Klaus Kirchner
Flugblätter

Psychologische Kriegsführung im Zweiten Weltkrieg in Europa

Carl Hanser Verlag

ISBN 3 446 11930 2

Ausstattung:
Heinz Edelmann
Gesamtherstellung:
Friedrich Pustet,
Regensburg
Printed in Germany

Inhalt

Klaus Kirchner
Flugblätter

I

Für Ernst Moritz Arndt, den Dichter der Befreiungskriege, flogen die Flugblätter wie »ausgestreute Funken« in »pulvergefüllte Herzen«.[1] Wladimir Iljitsch Lenin, der Theoretiker des Bolschewismus und Gründer der Sowjetunion, nannte sie »von allen Arten der Literatur die allerwichtigste«.[2]

Etymologie: Das Wort »Flugblatt« taucht zum ersten Mal während der Französischen Revolution auf. Christian Daniel Friedrich Schubart, Autor und Herausgeber der ›Vaterlandschronik‹ (1788–1791), übersetzte in einem Bericht vom 21. 7. 1789 das in Frankreich geläufig gewordene »feuille volante« fast wörtlich: »In einer Pariser *Flugschrift* steht sogar der ärgerliche Gedanke: Der Deutsche hat weder Patriotismus noch Freiheitsgefühl; wenn er nur seinen Magen füllen und seine Kehle spülen kann, so ist's ihm eins, ob er die Pforte der Hölle oder das himmlische Jerusalem angreifen soll.«[3]
Schubart wurde zwar wegen dieser Wortbildung in einem ›Sendschreiben an Herrn Schubart‹ (1789) von Pfarrer Kern angegriffen. Aber Johann Heinrich Campe nahm ihn in seinem ›Dritten Versuch über die Reinigung und Bereicherung der deutschen Sprache‹ (1794; Nachtrag 1795) in Schutz. Schon wenig später bürgerte sich die Wortschöpfung allgemein ein. Goethe sprach von »Flugblättern« anstelle der bis dahin geläufigen Bezeichnungen.

Einblattdrucke/Mehrblattdrucke: Die technischen Voraussetzungen zur Flugblattvervielfältigung bestanden spätestens seit dem 15. Jahrhundert. Einige Quellen erwähnen publizistisch-polemische Einblattdrucke bereits im Zusammenhang mit dem Investiturstreit zwischen Gregor VII. und Heinrich IV. im 11. Jahrhundert.
Die früheste Form des sogenannten Einblattdruckes, einer einseitig bedruckten, in sich abgeschlossenen und ein Ganzes bildenden Botschaft oder Nachricht, war der sogenannte Reiberdruck, der vor Gutenberg geläufigen Form der Vervielfältigung

von einem eingefärbten Holzstock, auf den das Blatt aufgelegt und durchgerieben wurde.
Mit der Erfindung der beweglichen Letter durch Gutenberg, der eine wesentliche Verbesserung des Druckvorganges vorausgegangen war, veränderten sich die gesellschaftlichen Bedingungen und damit die Inhalte dieser publizistischen Gebrauchstexte. Die Vervielfältigung von Nachrichten, Botschaften und Programmen wurde dem sich emanzipierenden Dritten Stand erreichbar. 1482 wurden in Augsburg erstmals tagespolitische Themen mit einem Bild-Aufmacher als Einblattdrucke vervielfältigt und vertrieben. 1497 forderte der Humanist Sebastian Brant in seinem Einblattdruck ›Von der Fuchshatz‹ den Kaiser Maximilian auf, den Übergriffen des Hochadels Einhalt zu gebieten.[4]

Newe Zeitung: 1502 erschien die ›Newe zeytung von Orient und Auffgange‹. Als Mehrblattdrucke von mindestens 4 Seiten unterschieden sich solche Publikationen zunächst nur durch den Umfang von den Einblattdrucken: Aktuelle politische und religiöse Ereignisse standen im Vordergrund. Daneben galt aber schon die Aufmerksamkeit den Sensationen des Tages: Naturereignissen und -katastrophen, Himmelserscheinungen, Teufelsaustreibungen, usw. Kennzeichnend für alle Ein- und Mehrblattdrucke dieser »newen zeitungen« ist die Anonymität der Berichterstattung, das kleine Format (in der Regel 20×15 cm im Hochformat) und der geringe Umfang.
Das erwähnte Beispiel von Sebastian Brant, das sich durch viele zuschreibbare oder namentlich gezeichnete Pamphlete und Kampfschriften von Parteigängern der Reformation vermehren ließe, zeigt eine inhaltliche Veränderung an: An die Stelle der Nachricht treten Programm, Kommentar, Analyse. Wenn man die Incunabeln der Einblattdrucke als Frühformen der Nachrichtenseite einer Tageszeitung bezeichnen will, so wären diese kritisch-polemischen Mehrblattdrucke der Ursprung des Leitartikels. »Die Flugschrift entsteht aus dem Flugblatt«, schreibt Dovifat, indem er erst später geläufige Begriffe auf ihre Frühformen anwendet, »wenn Beweise, Dokumente, Zitate, Briefe, Aktenstücke dem Flugblatt beigegeben werden, oder wenn ausführlicher gefaßt ein drängendes Zeitproblem richtungweisend dargestellt wird.«[5]
Postzeitungen, die periodisch erscheinen und gewerbsmäßig vertrieben werden, sind seit 1609 in Straßburg nachweisbar.

Flugblatt/Flugschrift: Unter einem Flugblatt ist also eine ein- bis zweiseitige, unter einer Flugschrift eine mehrseitige, in der Regel geheftete oder broschierte Drucksache zu verstehen, die in knapper, eindringlicher Argumentation in Bild und/oder Sprache eine Nachricht oder Botschaft übermittelt. Die Grenzen zum Maueranschlag oder Plakat sind beim Einblattdruck fließend. Entscheidend ist das aperiodische Erscheinen und eine nichtgewerbsmäßige Vertriebsform, die in der Regel auf persönlicher Weitergabe beruht.
Die für kleinere Publikationen häufig verwendeten Bezeichnungen »Libell«, »Pasquill«, »Pamphlet« oder »Famosschriften«, die mit der Typenbezeichnung allerdings bereits bestimmte inhaltliche Vorstellungen verbanden – nämlich die Streit-, Schmäh- oder Spottschrift mit politischen, kirchlichen, sozialen oder wissenschaftlichen Themen – werden heute vielfach unter dem geläufigeren Begriff der Flugschrift subsumiert. Dazu kommen volkstümliche und erbauliche Flugschriften, über die – jedenfalls trifft das für Deutschland zu – bisher kaum etwas bekannt ist.[6]
Flugblätter, Flugschriften, Flugblattlieder und Fliegende Blätter, deren Bedeutung als Geschichtsquelle kaum hoch genug eingeschätzt werden kann, entstanden besonders in Zeiten sozialer und politischer Umbrüche: in der Reformation, im Dreißigjährigen Krieg, in der Zeit der Französischen Revolution, zur Zeit der Befreiungskriege, in den bürgerlichen Revolutionen des 19. Jahrhunderts.[7] Als jüngstes Beispiel sind der Pariser Mai von 1968 und seine Folgeerscheinungen anzuführen.[8] Weil sich die Massenmedien einer Einflußnahme weitgehend entzogen, sah sich die politische Agitation auf die Flugblattherstellung zurückverwiesen. Einfache Herstellungsweise, geringe Herstellungskosten und die nicht-kommerzielle Vertriebsform erwiesen sich auch in Zeiten von Rundfunk und Fernsehen als wirkungsvolle Mittel zur politischen Meinungsbildung.
Diese Einsicht, die bereits im 16. Jahrhundert und besonders im 19. Jahrhundert massive Zensurmaßnahmen evoziert hatte, hob das ursprünglich den sozial Unterprivilegierten vorbehaltene Operationsfeld erneut ins Bewußtsein der Propagandisten machtpolitischer Ansprüche.

Das Flugblatt aus der Luft: Im deutsch-französischen Krieg von 1870/71 entstand zum ersten Mal eine neue Form des Flugblatts, das dem Wort einen neuen Sinn gibt: Das aus der

Luft abgeworfene »Flug«blatt. Theodor Fontane berichtet darüber in seinem Buch ›Der Krieg gegen Frankreich. 1870-1871‹[9]:

»Luftballons steigen tagtäglich; es ist das nicht nur Cummunicationsmittel mit den Provinzen, sie verkehren dadurch auch mit uns, und sandten uns erst vorgestern wieder ganze Packete alberner Proklamationen ›An die Deutschen‹ [. . .] Vorgestern wurde in Versailles der Redacteur der Gazette verhaftet. Mit der beispiellosen Frechheit brachte dieses Blatt, unter den Augen der preußischen Behörden, die größten Schmähungen gegen Deutschland und die deutschen Truppen. Dem zweiten hier erscheinenden Blatt, der ›Union Libérale‹, hat man die Politik untersagt. Dasselbe beschäftigt sich also nur mit Communal-Angelegenheiten. Mit welchen Phrasen diese Blätter ihr Publicum trösten! Da schreibt z. B. das Versailler Journal beim Anblick eines Luftballons: »Es war, als schwebe der Engel Frankreichs über dem Vaterland.« [im Original gesperrt].

Fontane ist auch Zeuge des ersten Luftkriegs in der Geschichte: Am 9. 10. 1870 notiert er in Versailles: »Die Luftballons spielten unzweifelhaft eine Rolle in der Belagerung von Paris, und nicht zu unterschätzende Vorteile sind seitens der Franzosen daraus gezogen worden.«[10] Er kolportiert den Bericht des belgischen ›Nouvelles du Jour‹ über den Angriff des kühnen Luftschiffers Nadar mit seinem Ballon Intrepide auf einen preußischen Ballon, der zum Absturz gebracht wurde. Dort heißt es auch: »Obgleich die Isolierung von Paris eine vollständige ist, so erfährt man doch, – allerdings auf Umwegen, – Mancherlei über die in der Stadt herrschenden Zustände, theils durch die von Luftballon und Brieftauben nach verschiedenen Richtungen hin ausgesandten Briefe, theils durch Leute, die sich bei den Vorposten melden . . .«[11]

Der Versuch einer Irreführung des Gegners durch Spielmaterial wird aus den letzten Septembertagen des Jahres 1870 berichtet, als eine Patrouille des Kaiser-Alexander-Regiments »zwei Briefträger [. . .] mit schweren Briefsäcken beladen« aufbringt. »Sehr auffällig war der Umstand, daß sie alle, mit wenigen Ausnahmen, in demselben Geiste verfaßt waren«, heißt es von den konfiszierten Briefen. Fontane zitiert einen Briefschreiber: »Wir haben 80.000 Mann regulairer Truppen, 150.000 Mann Mobilgardisten, 120.000 Franctireurs und 200.000 Nationalgarden.« ». . . Alle diese Mittheilungen waren aber werthlos, da viele der Briefe gegenständlich schon in der Voraussicht geschrieben waren, daß sie unseren Patrouillen in die Hände fallen könnten ...«[12]

II

Flugblattpropaganda: Mit diesen regierungsoffiziellen Flugblättern war eine neue Form der Propaganda entstanden. Das Flugblatt als »publizistisches Mittel sozial unterprivilegierter Gruppen, denen die anderen Instrumente gesellschaftlicher Kommunikation (noch) nicht zur Verfügung«[13] stehen, wurden umgedreht. Es ist bezeichnend für die neuere Medien- und Kommunikationsforschung, daß Flugblätter bisher fast ausschließlich als antiherrschaftliches Instrument eingestuft wurden. Das regierungsoffizielle Flugblatt, das Flugblatt in der Werbung oder im Wahlkampf blieben bisher unberücksichtigt.[14]

Die Kriegspropaganda zielt auf die Zersetzung der feindlichen Kampf- und Widerstandsmoral. Gleichzeitig soll der Durchhaltewillen der eigenen Streitkräfte und der Zivilbevölkerung (Heimatfront) gestärkt werden. Systematisiert wurde die publizistische »Kriegsführung« im Ersten Weltkrieg u. a. durch die Greuelpropaganda, mit der sich die Gegner durch übertriebene oder erfundene Nachrichten über Gewalttaten und Verbrechen vor der Weltöffentlichkeit herabzusetzen suchten. Der Umstand, daß sich die erfundenen Nachrichten über das Verhalten deutscher Truppen in den besetzten Gebieten nach dem Krieg vielfach als rein propagandistische Manöver herausstellten, trug zweifellos entscheidend dazu bei, daß man den Auslandsberichten über nationalsozialistische Verbrechen in den heutigen Ostblockländern, Nachrichten über die »Endlösung der Judenfrage« oder Vergeltungsaktionen deutscher Truppen gegen die Zivilbevölkerung während des Zweiten Weltkriegs keinen Glauben schenkte.

Agitation, im marxistischen Sinn des Wortes verstanden, unterscheidet sich von Propaganda in Ziel und Ausrichtung. Agitation geht von einer konkreten Situation aus, vom aktuellen Anlaß, um bestimmte spontane Reaktionen der Massen zu erzielen. Sie arbeitet mit taktischen Zielvorstellungen, während die Propaganda langfristige, strategische Absichten verfolgt.

Propaganda im Zweiten Weltkrieg: Die propagandistischen Maßnahmen im Zweiten Weltkrieg beschränken sich, soweit man das bisher abschätzen kann, keineswegs auf den Einsatz von Milliarden von Flugblättern auf deutscher und alliierter Seite. Joseph Goebbels war der »Minister für Volksaufklärung *und* Propaganda«. An seinen fast täglich stattfindenden geheimen Ministerkonferenzen nahmen 1940/41 regelmäßig etwa 20 Mitarbeiter teil. Zu Beginn des Rußlandfeldzuges wurde die Teilnehmerzahl auf 50 Personen erweitert. Neben den Abteilungsleitern des Ministeriums, den Vertretern von Funk, Film und Presse, waren die Vertreter der Gauleitung Berlin, die Reichspropagandaabteilung in München und die Auslandsorganisation der NSDAP sowie Verbindungsleute zu anderen Ministerien und zum OKW zugelassen.[15] Goebbels war es vorbehalten, das Schlagwort von der »Kulturpropaganda« zu erfinden. Er suchte die »Flüsterpropaganda« zu beeinflußen und zu steuern. Daneben wurde beim Chef des Sicherheitsdienstes des Reichsführers SS in Berlin eine eigene Abteilung (II, 2) zur Kontrolle der »innenpolitischen Wetterlage« eingerichtet.[16]
Die »Kulturpropaganda«, die sich mit Fragen der »Schrifttumspolitik«, mit der Spielfilm- und Wochenschauproduktion, mit Theater-, Musik- und Vortragstätigkeit im In- und Ausland zu beschäftigen hatte, soll hier nur erwähnt werden. Parallel zu der regierungsoffiziellen Flugblattpropaganda ist der Ätherkrieg zu sehen, der im Laufe des Zweiten Weltkriegs, etwa durch die deutschsprachigen Sendungen des BBC, immer größere Bedeutung gewann.[17] Der Frankreich-Feldzug wurde von deutscher Seite systematisch mit massiven Falschmeldungen für die französische Zivilbevölkerung unterstützt. Die Luftoffensive gegen Großbritanien war gleichfalls durch Rundfunkfalschmeldungen begleitet, wobei die Sendungen sich als regierungsoffizielle Äußerungen der französischen bzw. britischen Regierung tarnten: Sie werden der »schwarzen Propaganda« zugerechnet, weil für den Empfänger die Quelle nicht ohne weiteres erkennbar war.

Die Erfahrungen der beiden Weltkriege blieben im Nachkriegseuropa nicht ungenutzt: Radio Moskau bestreitet mit 85 Sendern 200 Programmstunden im Monat; die Voice of America therapiert den politischen Gegner über 105 Sendeanlagen mit 175 Programmstunden.[18]

Als weitere regierungsoffizielle publizistische Maßnahmen, die der Eigenpropaganda zugerechnet werden müssen, sind die verschiedenen Typen sogenannter Kriegszeitungen einzurechnen, die für die eigenen Truppen, als Feld- oder Schützengrabenzeitungen, zentral gesteuert oder regional gegliedert für Truppenteile, Frontabschnitte bzw. Waffengattungen herausgegeben wurden. Eine Sonderform stellt die Gruppe der Gefangenen-, Lazarett- oder Lagerzeitungen dar. Zeitungen für die Zivilbevölkerungen (Heimatfront), für Minderheiten in besetzten oder neutralen Gebieten sowie fremdsprachige Ausgaben für die Bevölkerung in feindlichen oder neutralen Gebieten kommen hinzu.

Feldzeitungen sind seit den napoleonischen Kriegen bekannt. So war etwa Friedrich Schlegel Schriftleiter einer österreichischen Feldzeitung, die im Hauptquartier des Erzherzog Karl herausgegeben wurde. August Varnhagen von Ense redigierte die ›Zeitung aus dem Feldlager‹, deren erste Nummer am 23. 9. 1813 in Lüneburg erschien. Sie brachte es auf 16 Nummern. Die letzte Ausgabe erschien in Paris, nachdem die Alliierten Napoleon niedergeworfen hatten.

Flugblätter/Flugblattpropaganda: Am 18. 2. 1943, einem Donnerstagmorgen, flatterten einige hundert Handzettel in den Lichthof des Hauptgebäudes der Münchner Universität. Es waren die Flugblätter der Weißen Rose. Ein übereifriger Hausmeister tat seine »Pflicht«. Ein Exempel wurde statuiert. Sechs Menschen wurden hingerichtet.[19]

Wenige Monate später wurde das Flugblatt der Weißen Rose durch die Royal Air Force über Deutschland abgeworfen: »Wir werden den Krieg sowieso gewinnen«, hieß es in einem Vorspann. »Aber wir sehen nicht ein, warum die Vernünftigen und Anständigen in Deutschland nicht zu Worte kommen sollen. Deswegen werfen die Flieger der RAF zugleich mit ihren Bomben jetzt dieses Flugblatt, für das sechs junge Deutsche gestorben sind, und das die Gestapo natürlich sofort konfisziert hat, in Millionen von Exemplaren über Deutschland ab.« (Abb. 53).

Die beiden Flugblätter – jenes der Geschwister Scholl und das der englischen Regierung – unterscheiden sich, vom Vorspann abgesehen, durch die Auflagenhöhe und den Verbreitungsmodus. Doch das ›Manifest der Münchner Studenten‹ ist ein Flugblatt im Sinne der Koszyk/Pruys'schen Definition, ein publizistisches Mittel einer politisch unterdrückten Gruppe[20], während die englische Fassung unter die Flugblattpropaganda gerechnet werden muß. Das gilt unter der Einschränkung, daß es sich nicht um den Nachdruck eines Flugblattes, sondern um den Abdruck einer Rede handelt, auch von der Predigt des Bischofs Galen vom 13. 7. 1941. (Abb. 36).

Beide Fassungen des Flugblatts der Weißen Rose verfolgten das gleiche Ziel: »die Brechung [. . .] des nationalsozialistischen Terrors«. Während aber die Münchner Studenten nur »auf die Macht des Geistes« bauen, verfolgen die Flugzeuge der RAF ihr Ziel auch durch Flächenbombardements mit Sprengbomben, Stabbrandbomben und Phosphor. Die Differenz zwischen beiden Fassungen des Flugblattes besteht also nicht nur in der regierungsoffiziellen Herkunft des englischen Flugblattes, in der Technik der propagandistischen Beeinflussung, sondern auch in dem implizierten Machtanspruch.

Flugblattpropaganda wird als militärische »Waffe« verstanden. Heinrich Kessemeier, der Präsident des deutsch-nationalen Fichte-Bundes, der im Auftrag des Propagandaministeriums tätig war, nennt eine seiner Publikationen ›Der Feldzug mit der anderen Waffe‹.

Argumentationsschemata: So entscheidend die Ermittlung des Absenders für den Finder eines Flugblattes ist, so gleichgültig ist für ihn die Frage der Kategorisierung durch den Produzenten. Dieser unterscheidet nach militärischen Ordnungsprinzipien zwischen strategischen und taktischen Flugblättern. Die Zielvorstellungen der Produzenten lassen darüber hinaus noch weitere Differenzierungen nach Gestaltung, Verbreitungsmodus, Einsatzgebiet bzw. Zielgruppen, Camouflierung der Quelle bzw. Offenlegung der Herkunft zu.

a) Taktische Flugblätter verfolgen eine klar zeitlich und regional begrenzte Zielvorstellung. Der Adressat (Soldat oder Zivilist) soll durch eine eindeutige und für ihn durch bestimmte Erfahrungen oder Beobachtungen überschaubare Argumentation zu einer Entscheidung motiviert werden.

b) Strategische Flugblätter zielen ohne zeitliche oder räumliche Begrenzung auf die Vernichtung des feindlichen Machtpotentials durch Argumentation mit Zahlenmaterial, durch historische Vergleiche, durch Appelle an die Emotionen oder an allgemeine Erfahrungen.

Die Übergänge sind oft fließend: Wenn etwa strategische Flugblätter mit einem »Passierschein« ausgestattet sind, so ist von Mischformen zu sprechen.

a) Passierschein: Schon im Ersten Weltkrieg gibt es Beispiele für Flugblattpropaganda, die die gegnerischen Truppen zum Überlaufen veranlassen sollte. Die Blätter enthielten ein Losungswort, das dem Überläufer Sicherheit geben sollte. »Amtlich« wirkende Formulare, »Passierscheine«, waren noch nicht bekannt. In der Regel wurde eine menschenwürdige Behandlung in der Gefangenschaft und eine baldige Rückkehr in die Heimat nach dem Krieg versprochen. Der Einsatz solcher Propagandamittel galt damals zwar auf deutscher Seite als unehrenhaft: »Noch zu Anfang des Ersten Weltkriegs wurde der Flugblattabwurf von höheren Truppenführern als unfair abgelehnt. Hindenburg hat noch 1918 geschrieben, daß es ihm zuwider sei, die Seele des Feindes zu vergiften.«[21] Doch bezeichnend für diese Haltung, die einen militärischen Ehrencodex postuliert, der längst infrage gestellt war, ist ein Zwischenfall, der sich 1917 an der Westfront abspielte: Die Besatzung eines abgeschossenen englischen Flugzeuges sollte erschossen werden, weil sie Flugblätter zum Abwurf über der Front mitgeführt hatte.[22]

Trotz aller Bedenken des Generalfeldmarschall Hindenburg wurden selbstverständlich Aufforderungen zum Überlaufen in großer Zahl über den Linien der alliierten und deutschen Truppen verbreitet. Ein Losungswort sollte die Behandlung »mit der größten Güte« sichern.

Im Zweiten Weltkrieg wurde beispielsweise der vom »Oberbefehlshaber der Alliierten Expeditions-Armeen« Dwight D. Eisenhower in Millionen-Auflage verbreitete ›Safe Conduct‹-Pass[23] eingesetzt: »Wirkungsvolle Propaganda erfordert, daß eine umfassende und langfristige Meinungsforschung und eine sorgfältige Wirkungsanalyse unternommen wird. Bei Flugblättern konzentrierten wir uns auf den berühmten Safe-conduct-pass. Wir hatten enorme Mittel aufgewandt, um die richtige Farbgebung zu erzielen, um Eisenhowers Unterschrift und den Appell richtig zu formulieren [. . .]. Wir stellten fest, daß wir die Moral der deutschen Truppen richtig eingeschätzt hatten durch die wachsenden Prozentzahlen der Gefangenen, die den Passierschein in ihrer Brieftasche hatten . . .«[24]

Die Rückseite des Passierscheins enthielt die »Grundzüge des Kriegsgefangenenrechts« nach der Haager Konvention und der Genfer Konvention.

b) Verschleierung der Quelle/Offenlegung der Quelle: Nicht jedes Flugblatt läßt in Text und Bild sofort den Absender erkennen. Man spricht von »weißer Propaganda«, wenn die wahre Quelle klar zu entnehmen ist: »Großbritannien an das Deutsche Volk«, heißt es etwa im ersten englischen Flugblatt für die deutsche Zivilbevölkerung vom 3. 9. 1939 (Abb. 1). Verschleiert ist die Quelle dagegen in dem polnischen Flugblatt für die vorrückenden deutschen Truppen, das von der Besetzung Danzigs durch englische Truppen und von der Belagerung des »Palasts des Führers in Berlin« durch »hungernde Manifestanten« spricht und das durch »Deutsche in Polen« unterzeichnet wird (Abb. 2).

Differenzierter und wirkungsvoller durch die Art der Verbreitung wird die Argumentation in dem Flugblatt ›Berliner! Habt Ihr's jetzt begriffen?‹, in dem es heißt: ». . . Goebbels sagt nicht immer die Wahrheit [. . .] Habt Ihr unsere Luftwaffe vergessen, die in Deutschland herumfliegt, wie es ihr paßt und im Juli allein 37.000 Bomben auf militärische Ziele an der Ruhr und im Rheinland abgeworfen hat? Die Bomben, *die mit diesen Flugblättern zusammen abgeworfen wurden,* sagen Euch – der Krieg, den Hitler anfing, geht weiter! . . .« (Abb. 23). Die Wirkung der Luftangriffe war für den Finder dieses Flugblattes überprüfbar. Die wachsende Luftüberlegenheit der Alliierten über Deutschland führte schließlich zur Gründung der Zeitung ›Luftpost‹, die im Impressum auf der Titelseite die Provenienz zu erkennen gibt (Abb. 30).

Die vom US-Kriegsinformationsamt herausgegebene Flugblattzeitung ›Sternenbanner‹ (Abb. 60) nennt sich »die deutsche Zeitung mit der größten Auflage der Welt. Auflage: 4.000.000 Exemplare.«

Die Flugblätter des Nationalkomitees Freies Deutschland (Abb. 58, 63, 66), die an verschiedenen Frontabschnitten der Ostfront eingesetzt wurden, geben ihre Herkunft nicht nur durch volle Namensnennung und die schwarz-weiß-roten Balken zu erkennen. Sie faksimilieren bewußt die Handschriften der Mitglieder des Nationalkomitees, die den Adressaten bekannt sein konnten, um die Glaubwürdigkeit zu unterstreichen.

Als »schwarze Propaganda« bezeichnet man Veröffentlichungen, die der Adressat zumindest vorübergehend als Verlautbarungen des eigenen Lagers ansehen könnte. Das auf einem deutschen Formular gedruckte und hier wiedergegebene britische Flugblatt ›Soldatenfrauen und Ehefrauen! Witwen und Mütter!‹ argumentiert im Sinne der NS-Propaganda mit dem

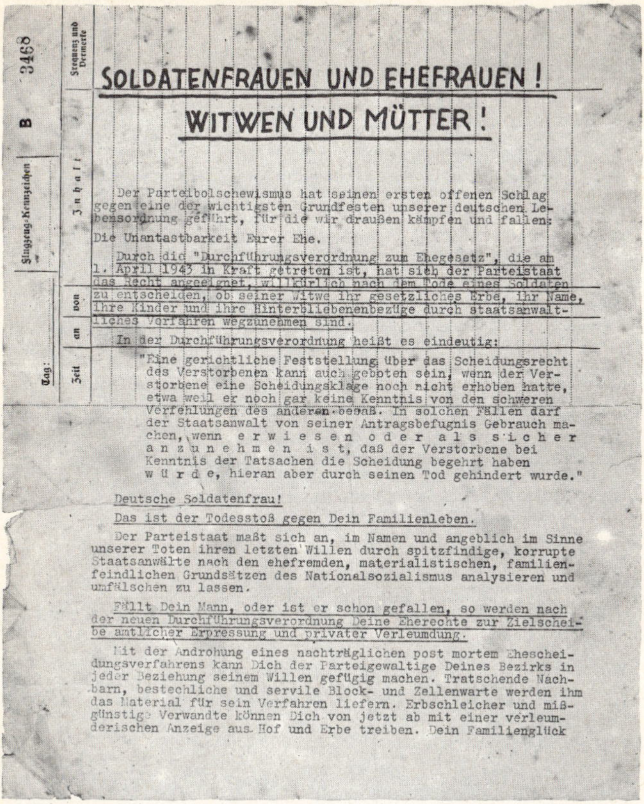

Flugzeug-Kennzeichen B 3468

Strecken und Vermerke

Inhalt

Tag: Zeit an von

SOLDATENFRAUEN UND EHEFRAUEN!

WITWEN UND MÜTTER!

Der Parteibolschewismus hat seinen ersten offenen Schlag gegen eine der wichtigsten Grundfesten unserer deutschen Lebensordnung geführt, für die wir draußen kämpfen und fallen:

Die Unantastbarkeit Eurer Ehe.

Durch die "Durchführungsverordnung zum Ehegesetz", die am 1. April 1943 in Kraft getreten ist, hat sich der Parteistaat das Recht angeeignet, willkürlich nach dem Tode eines Soldaten zu entscheiden, ob seiner Witwe ihr gesetzliches Erbe, ihr Name, ihre Kinder und ihre Hinterbliebenenbezüge durch staatsanwaltliches Verfahren wegzunehmen sind.

In der Durchführungsverordnung heißt es eindeutig:

"Eine gerichtliche Feststellung über das Scheidungsrecht des Verstorbenen kann auch geboten sein, wenn der Verstorbene eine Scheidungsklage noch nicht erhoben hatte, etwa weil er noch gar keine Kenntnis von den schweren Verfehlungen des anderen besaß. In solchen Fällen darf der Staatsanwalt von seiner Antragsbefugnis Gebrauch machen, wenn e r w i e s e n o d e r a l s s i c h e r a n z u n e h m e n i s t, daß der Verstorbene bei Kenntnis der Tatsachen die Scheidung begehrt haben w ü r d e, hieran aber durch seinen Tod gehindert wurde."

Deutsche Soldatenfrau!

Das ist der Todesstoß gegen Dein Familienleben.

Der Parteistaat maßt sich an, im Namen und angeblich im Sinne unserer Toten ihren letzten Willen durch spitzfindige, korrupte Staatsanwälte nach den ehefremden, materialistischen, familienfeindlichen Grundsätzen des Nationalsozialismus analysieren und umfälschen zu lassen.

Fällt Dein Mann, oder ist er schon gefallen, so werden nach der neuen Durchführungsverordnung Deine Eherechte zur Zielscheibe amtlicher Erpressung und privater Verleumdung.

Mit der Androhung eines nachträglichen post mortem Ehescheidungsverfahrens kann Dich der Parteigewaltige Deines Bezirks in jeder Beziehung seinem Willen gefügig machen. Tratschende Nachbarn, bestechliche und servile Block- und Zellenwarte werden ihm das Material für sein Verfahren liefern. Erbschleicher und mißgünstige Verwandte können Dich von jetzt ab mit einer verleumderischen Anzeige aus Hof und Erbe treiben. Dein Familienglück

Schlagwort des »Parteibolschewismus«, der die »Unantastbarkeit Eurer Ehe« durch eine »Durchführungsverordnung zum Ehegesetz« infrage stelle.

Die »graue Propaganda« argumentiert ohne Quellenangaben (Abb. 68) mit Motiven, die sich zunächst nicht immer als Propagandamaterial erkennen lassen (Abb. 16).

Wegen der hohen Strafen, die auch bei den Alliierten auf den Besitz von Flugblättern des Feindes standen, wurden z. B. an der Ostfront ›Prawda‹-Ausschnitte oder Geldscheine mit Passierscheinen bedruckt: »10 Rubel«, hieß es da in russischer Sprache, »was konntest Du alles früher dafür kaufen! [. . .]. Dieser 10-Rubelschein behält aber seine Kaufkraft! Benutze ihn als Passierschein! Du wirst Deine Gesundheit und Dein

Leben retten und nach dem Krieg wohlbehalten in Deine Heimat zurückkehren! Verberge diesen Schein in Deiner Geldtasche und benutze ihn so bald als möglich.«[25]

c) Fälschungen von Dokumenten: Einen gewissen Rahmen innerhalb der Flugblattpropaganda nehmen die Nachdrucke von Banknoten, Lebensmittelkarten, Urlauberkarten und Urlauberscheine, Gutscheine und sonstiger Formulare ein. Überliefert sind naturgemäß vor allem Dokumente, die für deutsche Soldaten und die deutsche Zivilbevölkerung bestimmt waren. Aber auch die deutschen Propagandaabteilungen bedienten sich dieses Mittels. Die hier abgebildete Reichskarte für Urlauber unterscheidet sich vom Original nur durch den Eindruck »Ernährungsamt Münster«. Nur das »Ernährungsamt Berlin« verfügte über solche vorgedruckten Karten, während alle anderen Ernährungsämter die Ausgabestelle einstempeln mußten. Das Falschgeld war auf der Rückseite in der Regel mit Reimereien bedruckt, die auf die Wertlosigkeit solcher Zahlungsmittel in einer inflationären Kriegsproduktion hinwiesen.

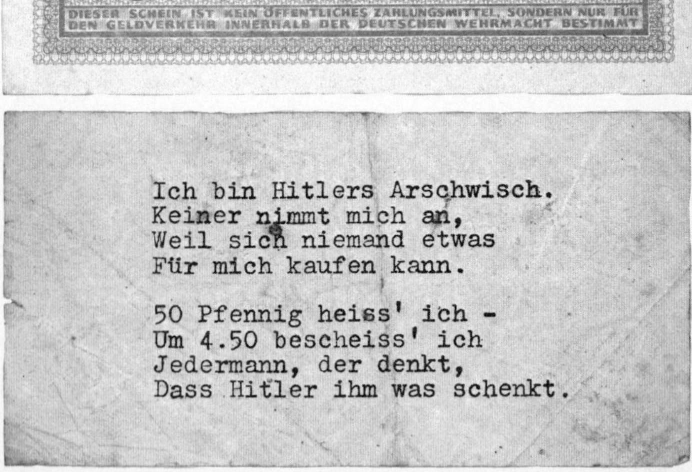

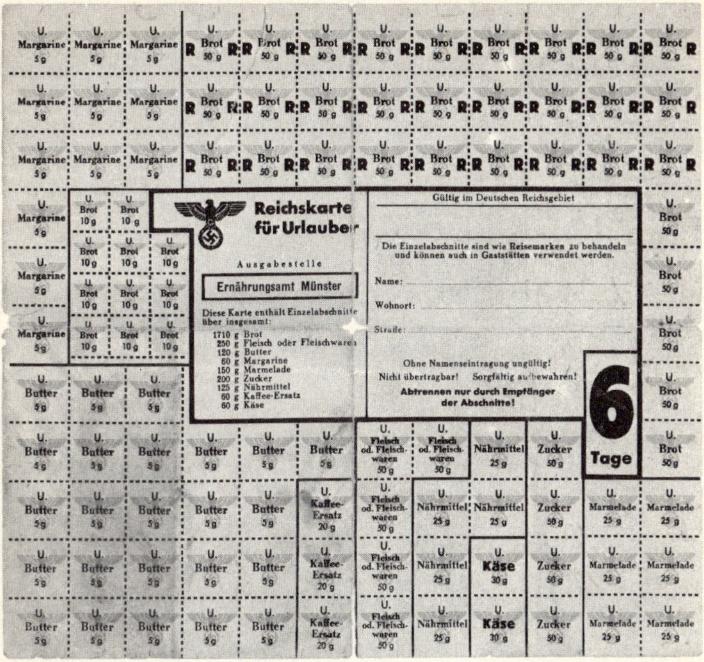

U. Margarine 5 g | U. Margarine 5 g | U. Margarine 5 g | U. Brot 50 g R | U. Brot 50 g R | U. Brot 50 g R | U. Brot 50 g R | U. Brot 50 g R | U. Brot 50 g R | U. Brot 50 g R | U. Brot 50 g R | U. Brot 50 g R

U. Brot 10 g

U. Butter 5 g

U. Fleisch od. Fleischwaren 50 g | U. Nährmittel 25 g | U. Zucker 50 g | U. Käse 30 g | U. Kaffee-Ersatz 20 g | U. Marmelade 25 g

Reichskarte für Urlauber

Ausgabestelle

Ernährungsamt Münster

Diese Karte enthält Einzelabschnitte über insgesamt:

1710 g Brot
250 g Fleisch oder Fleischwaren
120 g Butter
60 g Margarine
150 g Marmelade
200 g Zucker
125 g Nährmittel
60 g Kaffee-Ersatz
60 g Käse

Gültig im Deutschen Reichsgebiet

Die Einzelabschnitte sind wie Reisemarken zu behandeln und können auch in Gaststätten verwendet werden.

Name:

Wohnort:

Straße:

Ohne Namenseintragung ungültig!
Nicht übertragbar! Sorgfältig aufbewahren!

Abtrennen nur durch Empfänger der Abschnitte!

6 Tage

500 g Weizenmehl Führergeschenk

500 g Marmelade Führergeschenk

500 g Zucker Führergeschenk

500 g Butter oder Margarine Führergeschenk

500 g Nährmittel oder Hülsenfrüchte Führergeschenk

Lebensmittelkarte

4 848758 *

FÜHRERGESCHENK
für Fronturlauber

Organisationsschemata der Propagandaabteilungen: »Der Reichsprop. Minister führt die Gesamtpropaganda verantwortlich nach den Weisungen des Führers mit folgenden Ausnahmen: Geistige Betreuung der eigenen Truppe ist allein Sache der Wehrmacht. Das R. M. V. P. [Reichsministerium für Volksaufklärung und Propaganda] stellt nur auf Anfordern Material zur Verfügung. Aktive Propaganda im Kampfgebiet, in die feindliche Bevölkerung und in die feindl. Wehrmacht hinein leiten die militärischen Dienststellen durch die ihnen unterstellten Propagandakompanien. Das O. K. W. sichert durch Richtlinien und laufende Unterweisungen die Übereinstimmung des Propagandakrieges mit dem Waffenkrieg, für die der Prop. Minister verantwortlich ist.«[26]

Generalmajor Hasso von Wedel, Chef der Wehrmachtspropaganda im Zweiten Weltkrieg, erweckt mit dieser Darstellung den Anschein, als seien die Zuständigkeiten der deutschen Kriegspropaganda eindeutig und langfristig festgelegt gewesen. Aber genau das Gegenteil ist der Fall. Das Schema der Befehls- und Kommandostrukturen (s. Schema 1) galt nur für einen bestimmten Zeitraum im Jahre 1939. Die Zuständigkeiten wech-

Schema 1

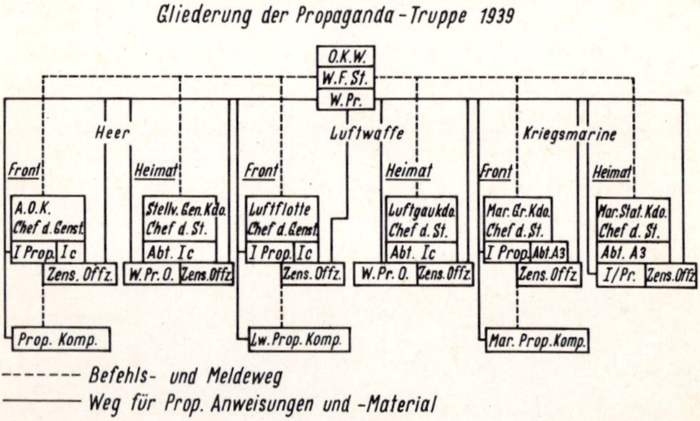

O. K. W. = Oberkommando der Wehrmacht; W. F. St = Wehrmacht Führungsstab; W. Pr. = Wehrmacht Propaganda Abteilung; A. O. K. = Armee Oberkommando; Chef d. Genst. = Chef des Generalstabes; I Prop. = 1. Propagandaoffizier; Ic = Führungsoffizier verantwortlich für die Feindlage; Zens. Offiz. = Offizier verantwortlich für die Zensur; W. Pr. O. = Wehrmacht Propaganda Offizier; Lw. Prop. Komp. = Luftwaffen Propaganda Kompanie; Mar. Prop. Komp. = Marine Propaganda Kompanie selten dann ständig, Machtpositionen wurden aufgebaut und gingen verloren. Aufgabengebiete der Propaganda wurden laufend neu abgesteckt und Übergriffe beklagt. So schreibt zum Beispiel am 16. 5. 1941 ein Oberstleutnant des Luftgaukommandos XVII an den Oberbefehlshaber der Luftwaffe: ». . . weiters wird es sich vielleicht als notwendig erweisen, im Wege der Leitung der NSDAP diese Art von Propaganda zu unterbinden«[27], weil ihm die Einmischung der Partei in seinen militärischen Bereich offensichtlich zuviel geworden war.

Allgemein läßt sich feststellen, daß auf dem Sektor der Propaganda – wie in anderen Bereichen der Bürokratie – ein mehr oder weniger strukturiertes Chaos herrschte. Auch auf der Seite der Westalliierten geben die Organogramme der Propaganda nur Momentaufnahmen wieder. Mehrere Flußdiagramme sind überliefert; keines läßt langfristige Rückschlüsse zu.

Die graphische Darstellung stammt aus den Akten der Propaganda-Organisation und wurde am 2. 5. 1945 in einem Rechenschaftsbericht über die gesamte Arbeit der alliierten Propagandaorganisation veröffentlicht (Schema 2).

Das Diagramm gibt keine Aufschlüsse über die Entwicklungsstufen der ursprünglich ausschließlich britischen Propagandaabteilungen, die z. B. auch gegenüber den Vereinigten Staaten tätig war, um sie zum Kriegseintritt zu motivieren. Auch die Stationen der anglo-amerikanischen Zusammenarbeit bleiben unberücksichtigt. Die sich ständig verändernden redaktionellen Bedürfnisse, der Wechsel der Kriegsschauplätze, die Propagandatechnik, aber vor allem die sich ändernden politischen Kriegsziele haben die Verwendung eines einmal geschaffenen starren Schemas unmöglich gemacht.

Der britische Abgeordnete Crossman gibt einen kurzen Abriß jener Strukturentfaltung in einem Vortrag, den er erstmals 1952 und dann 1953 vor der Royal United Service Institution gehalten hat: »Ich spreche von der Struktur, angefangen vom Chief of Staff bis hinunter zu dem Mann, der das Flugblatt über die feindlichen Linien geschossen hat.

In England wurde die Abteilung Psychologische Kriegsführung vor 1939 eingerichtet. Es war eine Geheimabteilung, die dem Foreign Office unterstellt war. Sie war dem Staatssekretär des Auswärtigen durch Sir Robert Bruce Lockhart unmittelbar verantwortlich [. . .]. Außerdem war der dem Chef des Armeestabs [. . .] unterstellt. So hatten wir eine doppelte Kontrolle.«[28]

Schema 2

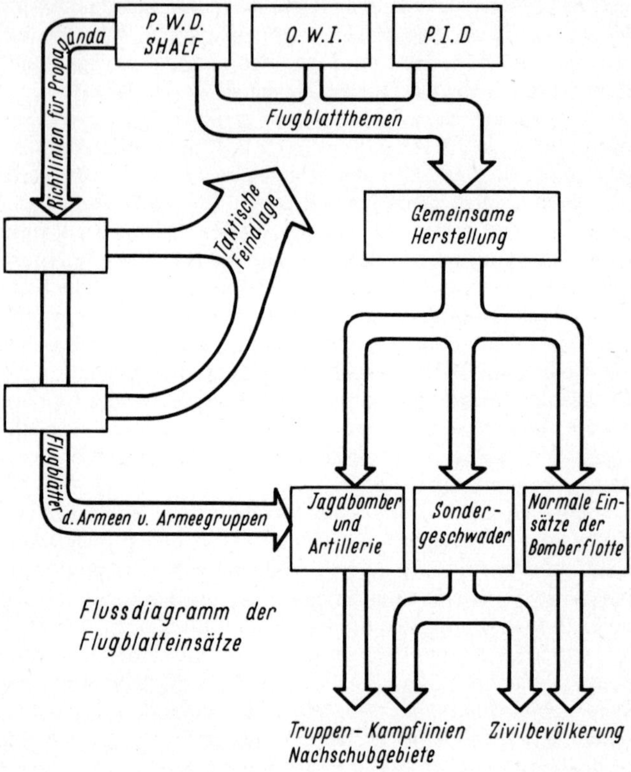

P. W. D. SHAEF = Psychological Warfare Division Supreme Headquarters Allied Expeditionary Forces; O. W. I. = Office of War Information; P. I. D. = Public Information Division.

Generell läßt sich sagen, daß Kriegspropaganda bei allen kriegführenden Staaten durch die Unterstellung der militärischen Kommandostellen an Unterabteilungen des Außenministeriums und/oder der Partei in die Regierungsverantwortung fällt. Die Richtlinienkompetenz der Regierung ist somit ein Bestandteil jeder Definition des Begriffs Kriegspropaganda. Die entscheidende Rolle der Regierung in der Flugblattpropaganda wird leicht vergessen, angesichts der oft recht zweifelhaften Argumentation in Text und Bild.

Umfang der Flugblattproduktion: »Meine persönliche Sicht von der Sache ist, daß wir nichts weiter erreicht haben, als den Kontinent während fünf langer Kriegsjahre ausreichend mit Klo-Papier zu versorgen.«[29]

Obwohl der britische Luftwaffenchef Harris (»Bomber Harris«) mit seinem Ausspruch auf die Wirkung der Flugblätter zielt, trifft er zumindest auch den Umfang der Flugblattproduktion. Denn insgesamt wurden während des Zweiten Weltkrieges allein von England aus rund 6.500.000.000 Flugblätter in 29 Sprachen über Westeuropa abgeworfen. Westeuropa hatte damals eine Gesamtbevölkerung von etwa zweihundert Millionen. Demnach wären statistisch 32,5 Flugblätter pro Kopf der Bevölkerung eingesetzt worden.

Die ersten britischen Flugblätter fielen in der Nacht vom 3. auf den 4. 9. 1939 über Norddeutschland (Abb. 1). Ende 1939 lag die Abwurfquote bereits bei 34 Millionen Stück. Aus einem britischen Bericht[30] geht hervor, daß im Winter 1939 drei bis vier deutschsprachige Flugblätter im Monat hergestellt wurden, während es 1943 schon 50 bis 60 Exemplare in zehn oder mehr Sprachen waren. Und mit dem Stolz des Urhebers weist der Autor jener Tage darauf hin, daß das Wort Flugblatt eigentlich nicht mehr zutreffend sei, denn die Produkte des Jahres 1943 seien von den Erstlingen so weit entfernt, wie die derzeit eingesetzten Lancaster- und Hallifaxbomber von ihren Wellington- und Whitleyprototypen.[31]

Kontrollierbar sind solche Zahlenangaben in Teilbereichen noch heute durch die Codezeichen der Produzenten. So erschienen beispielsweise von der für Deutschland hergestellten englischen G-Serie 1942 68 Flugblätter, 1943 108 Flugblätter und Flugblattbroschüren. Der Auflagenangaben wird man dagegen skeptisch gegenüberstehen müssen, wenn sie nicht durch Angaben der Druckereien gesichert sind. Erdmann[32] berichtet beispielsweise, daß auf dem Höhepunkt der Flugblatteinsätze 80% der englischen Offsetkapazität mit der Produktion ausgelastet war. Geht man davon aus, daß die Offsetproduktion während des Krieges verglichen mit heute noch in den Anfängen steckte und daß damit wahrscheinlich die gesamte Kriegswirtschaftliche Druckkapazität gemeint war, so wären die Auflagen gewiß nicht hoch anzusetzen.

Die vom US-Kriegsinformationsamt herausgegebene Flugblattzeitung ›Sternenbanner‹ (Abb. 60) wurde im Tiefdruck in einer Auflage von 4 Millionen Exemplaren hergestellt. Das

entspricht der Druckauflage der ›Bild-Zeitung‹. Die erste englische Flugblattzeitung ›Wolkiger Beobachter‹ erschien 1939 mit einer Startauflage von 600.000 Exemplaren, was der Abonnement-Auflage der größten deutschen Tageszeitung entspricht: der ›Westdeutschen Allgemeinen Zeitung‹.
Zu berücksichtigen ist ferner die Diskrepanz zwischen Flugblattproduktion und tatsächlichem Einsatz. Militärische Ereignisse, politische Entwicklungen oder einfach eine Schlechtwetterlage ließen diese aktuellen Kampfmittel rasch »verderben«, so daß die Produktionsziffern und die Abwurfziffern weit auseinanderklaffen.
Gesichert ist dagegen, daß etwa 75% der anglo-amerikanischen Flugblätter erst nach der Invasion eingesetzt wurden. Eine Tabelle der RAF gibt genaue Angaben:

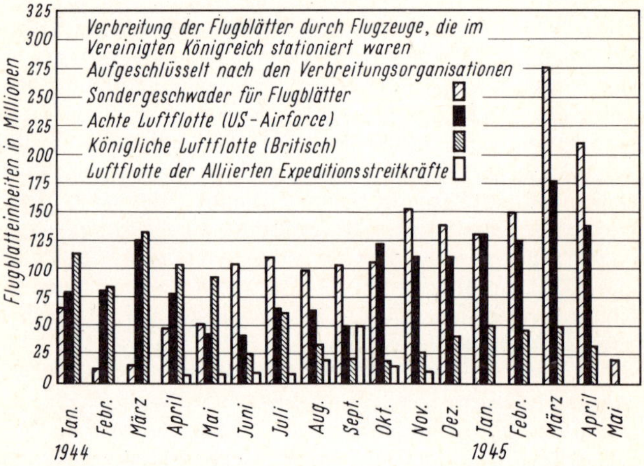

Anmerkung zur Zeichnung:
Jan.–März: Jeweils drei Säulen; April–Nov.: Jeweils vier Säulen; Dez.–April: Jeweils drei Säulen; Mai: Eine Säule.

Streuung der Flugblätter: Während die Propagandaabteilungen im Ersten Weltkrieg noch auf Gewehrgranaten, Artilleriegeschosse, Raketen, Ballons oder Flugzeuge mit geringen Reichweiten angewiesen und somit im wesentlichen auf die Einwirkung der gegenüberliegenden Fronttruppen beschränkt waren, konnten die Experten des Propagandakrieges im Zweiten Weltkrieg durch Langstreckenflugzeuge nahezu jedes Zielgebiet im feindlichen Hinterland erreichen. Die Abwurftechniken erlaubten es zudem, Flugblätter flächendeckend oder konzentriert auf bestimmte Frontabschnitte oder Wohngebiete abzuwerfen.

a) Abwurf durch Flugzeuge: Nach verläßlichen Schätzungen wurden im Zweiten Weltkrieg 95% aller Flugblätter durch Flugzeuge abgeworfen. Dieser hohe Anteil erklärt sich aus den verfeinerten technischen Entwicklungen. Während eine Artilleriegranate nur etwa 200 DIN A5-Blätter faßte, konnte eine Flugblattbombe bis zu 75.000 DIN A5-Blätter aufnehmen. Die Streudichte solcher Bomben war sehr hoch. Bei normalen Windverhältnissen verteilten sich diese 75.000 Flugblätter auf einer Fläche von 16 km². Der Abwurf erfolgte aus großen Höhen. Die anglo-amerikanischen Flugblätter für Deutschland wurden auch von Spezialeinheiten abgeworfen, die allein oder im Geleitschutz der großen Bomberflotten flogen.

b) Abwurf durch Ballons: Die klassische Streuung durch ungesteuerte Ballons bot gegenüber den Flugblattbomben Vor- und Nachteile. Der Einsatz war von den Windverhältnissen abhängig. Das Zielgebiet war nicht genau bestimmbar. Die Größe dieser Ballons reichte vom gewöhnlichen Spielzeugluftballon bis zu Geräten von vier bis fünf Meter Durchmesser.

Ausgelöst wurden die Flugblätter bei den großen, bis zu tausend Blättern tragenden Ballons, meist durch langsam brennende Zündschnüre. Dadurch lösten sich immer nur einzelne Päckchen; der Ballon gewann wieder an Höhe und trieb weiter. Auf diese Weise wurden die Ballonflugblätter – man erkennt sie in der Regel an dem für die Aufhängung eingestanzten Loch (Abb. 6, 29) – über weite Areale verteilt. Ein Vorteil des Balloneinsatzes war die geringe Aussicht der gegnerischen Abwehr, solche Flugblätter zu sammeln. Nachteilig war die geringe Tragkraft der Ballons und die nicht berechenbare Flugroute, die eben auch zum Abwurf der Blätter über Flüßen und Seen oder über unzugänglichen Wald- und Gebirgsgegenden führte. Der geringe finanzielle Aufwand und die Tatsache, daß weder Menschen noch Flugzeuge gefährdet werden mußten, sprach für den Ballonabwurf. Die deutschen Sicherheitsbehörden wiesen noch auf einen zusätzlichen Effekt hin: »Die weite Streuung könnte der Bevölkerung den Eindruck vermitteln, als sei die britische Luftwaffe allgegenwärtig.«[33]

c) Einsatz durch Boden/Boden-Geschosse: Im Kampfgebiet wurden auch während des Zweiten Weltkriegs die bereits im Ersten Weltkrieg erprobten Verbreitungsgeräte eingesetzt:

Gewehrgranaten, Artilleriegeschosse und Raketen. Die maximale Reichweite betrug bei den Raketen ca. 3.000 m, bei der Artillerie (10,5 cm) rund 6.000 m und bei den Gewehrgranaten etwa 100 m. Die vielen Berichte – vor allem von der Ostfront – über die Lautsprecherpropaganda zeigen, daß die regionale Feindbeeinflussung sich bereits anderer technischer Mittel bediente, die aktueller sein konnten und geringere Mittel beanspruchten.
Die Vielfalt der Verbreitungsgeräte für Flugblattpropaganda darf nicht darüber hinwegtäuschen, daß für die Mitarbeiter der Propagandaabteilungen das »Vertriebsproblem« entscheidend blieb. War es zum einem schon sehr schwierig, zu bestimmten aktuellen Ereignissen kurzfristig in Text, Bild und Gestaltung wirksame, von der Zensur freigegebene Flugblätter zu produzieren, so stellte der rasche und gezielte Vertrieb noch weit höhere Anforderungen an das Organisationstalent der Beteiligten.

Maßnahmen der Polizei gegen die Flugblattpropaganda: Ein Erlaß des Reichsführers-SS und Chefs der Deutschen Polizei im Reichsministerium des Innern vom 29. 2. 1940 legt fest:[34]
»Betrifft: Aufgefundene feindliche Flugblätter und Verbreitungsvorrichtungen. Verschiedene Unklarheiten, die bei der Behandlung von aufgefundenem, feindlichem Flugblattmaterial sowie von Ballonen und sonstigen Verbreitungs- und Abwurfvorrichtungen für feindliches Propagandamaterial aufgetaucht sind, veranlassen mich, folgendes zu verfügen:

1. Beim Auftauchen feindlichen Flugblattmaterials benachrichtigt die örtlich zuständige Polizeibehörde umgehend die Staatspolizei-leit-stelle. Die Staatspolizei-leit-stelle gibt den Bericht durch FS. hierher – an Amt IV – weiter. Für diese Meldungen sind die bisher ergangenen Anweisungen über Berichterstattung maßgebend, auf deren Beachtung ich bei dieser Gelegenheit besonders hinweise.

Die Ortspolizeibehörde verständigte gleichzeitig mit der Nachricht an die Staatspolizei-leit-stelle auch den örtlich zuständigen Hoheitsträger der Partei, damit dieser in der Lage ist, auch seinerseits der ihm obliegenden Meldepflicht an die übergeordneten Dienststellen der Partei zu genügen.
Aufgabe der Staatspolizei-leit-stelle ist es, ständige Verbindung zu dem zuständigen Gaupropagandaleiter (Reichspropagandaamt) zu unterhalten.

Ich lege Wert darauf, daß diese Zusammenarbeit mit den Parteidienststellen sich einwandfrei vollzieht.
Von jedem *neu* aufgetauchten Flugblatt sind durch die Staatspolizei-leit-stelle umgehend die nötigen Exemplare (8) hierher – an Amt IV (II A 4) – vorzulegen; soweit Interesse daran besteht, sind auch den Parteidienststellen Exemplare bezw. Fotokopien davon zur Verfügung zu stellen. Dem Gaupropagandaleiter (Reichspropagandaamt) sind von jedem neu auftauchenden Flugblatt möglichst 30 Stück zu überlassen.

2. Bei offensichtlichem Abwurf bezw. beim Auftauchen von feindlichen Propagandaflugblättern ist jedesmal sofort zu prüfen, inwieweit eine Verstreuung des Materials stattgefunden hat. In diesem Falle sind umgehend Suchaktionen in die Wege zu leiten. Soweit notwendig, sind die angrenzenden Dienst- und Parteibezirke zu verständigen.
Die Leitung der Suchaktion liegt in Händen der örtlichen Polizeibehörde. Zwecks Mithilfe bei der Auflese der Flugblätter ist an die örtlich zuständigen Hoheitsträger der Partei heranzutreten. Die aufgesammelten Flugblätter nimmt die Polizeibehörde in Verwahrung und verständigt umgehend die Staatspolizei-leit-stelle. Diese verfügt endgültig über das sichergestellte Material, und zwar in der Weise, daß von jedem Flugblatt für Archivzwecke einmalig 30 Stück hierher – an Amt IV (II A 1) – übersandt werden. Haben die höheren Parteidienststellen und sonstigen Stellen, die ein begründetes und berechtigtes Interesse an dem Material geltend machen, die gewünschte Anzahl von Exemplaren erhalten, so ist der Rest in geeigneter Weise zuverlässig unbrauchbar zu machen.
Zweck der Suchaktion ist die möglichst restlose Erfassung aller verstreuten Flugblätter. Es ist daher notwendig, daß der Einsatz der Parteigliederungen schon vorbesprochen wird.
Auch hier erwarte ich eine reibungslose Zusammenarbeit mit den zuständigen Hoheitsträgern.«
Am 4. 2. 1944 verschärfte Himmler diese Bestimmungen durch einen weiteren Geheimerlaß.[35] Die Zuständigkeiten wurden neu verteilt:
». . . Erlaß des Reichsführers-SS und Reichsministers des Innern – Hauptamt Sicherheitspolizei – vom 4. Februar 1944, Pol.-S IV A 1 – B. Nr. 2118/43, [. . .]:
»In dem gegenwärtigen Existenzkampf Deutschlands und Europas ist den Feindmächten jedes erdenkliche Mittel recht zur totalen Vernichtung des deutschen Volkes. Flugblätter sollen

Front und Heimat bis zur völligen Aufgabe des geistigen Widerstandes zermürben und gefälschte Bezugsberechtigungen (Bezugskarten und -schein usw.) ein wirtschaftliches Chaos herbeizuführen. Die gegnerische Propaganda hofft mit diesen Mitteln zu erreichen, daß das Reich wie 1918 – militärisch unbesiegbar – von innen heraus zusammenbricht.

Zur Abwehr ordne ich im Einvernehmen mit dem Leiter der Partei-Kanzlei, der Reichspropagandaleitung der NSDAP, dem Reichsministerium für Volksaufklärung und Propaganda, dem Oberkommando der Wehrmacht, dem Reichsministerium für die besetzten Ostgebiete, dem Reichsluftfahrt-, dem Reichswirtschaftsministerium und dem Reichsministerium für Ernährung und Landwirtschaft für die Behandlung der aus Flugzeugen, Ballonen oder sonstigen Verbreitungsvorrichtungen abgeworfenen Feindflugblätter, Bezugsberechtigungen und Propagandapackungen mit Lebens- und Genußmitteln an:

Außer den in diesem Erlaß genannten Dienststellen und den von ihnen beauftragten Dienststellen, Beamten oder Angestellten ist

> *keine Amts- oder Parteistelle, Organisation oder Person berechtigt, feindliche Flugblätter, abgeworfene Bezugsberechtigungen oder feindliche Propagandapackungen*

zu behalten, zu sammeln (z. B. als Erinnerungsstücke, für Archivzwecke), an sich zu nehmen, anzufordern (von Frontsoldaten, Dienststellen im Operationsgebiet des Heeres usw.), in die Heimat zu schicken oder sonst zu versenden.

Der Kreis der mit der Behandlung von *Feindflugblättern* Beauftragten ist äußerst klein zu halten.

Jede Vervielfältigung (Abschriften, Fotokopien) von Feindflugblättern ist untersagt. Das Verbot gilt auch für die Dienststellen und deren Beauftragte, die mit Feindflugblättern zu tun haben.

Die im folgenden verfügte Belieferung von Dienststellen mit Feindflugblättern hat *nur* aus dem angefallenen Material zu erfolgen.

Die unberechtigte Weitergabe der Feindflugblätter, ihres Inhalts sowie ihre eigenmächtige Verwertung sind verboten. Zuwiderhandlungen können wegen Feindbegünstigung strafrechtlich verfolgt werden.«

Und weiter wird verfügt:

A) Für das Reichsgebiet

Für die *Erfassung* der aus Flugzeugen, Ballonen oder sonstigen Verbreitungsvorrichtungen

> abgeworfenen Flugblättern, Bezugsberechtigungen jeder Art und Form sowie von Propagandapackungen mit Lebens- oder Genußmitteln

ist *ausschließlich*
die zuständige Ortspolizeibehörde
verantwortlich.
Sie hat bei *jedem* Auftauchen von Feindflugblättern, abgeworfenen Bezugsberechtigungen der Propagandapackungen der erwähnten Art

1. sofort im Einvernehmen mit dem örtlich zuständigen Hoheitsträger unter Heranziehung der örtlichen Gliederungen der Partei eine Suchaktion durchzuführen,

2. die Nachbarbezirke zu benachrichtigen, wenn zu vermuten ist, daß auch dort Abwürfe stattgefunden haben,

3. *schnellstens* schriftliche Kurzmeldung zu erstatten

a) *an die zuständige Kreispolizeibehörde* über Ort und Zeit des Abwurfes bezw. der Auffindung von Feindflugblättern und der obenbezeichneten Propagandapackungen,
Titel, Nummer, Kennzeichen, Zahl (gegebenenfalls Schätzung) der aufgefundenen Feindflugblätter, Text (Stichworte) des Verpackungsmaterials der Propagandapackungen,
b) *an die zuständige Kriminalpolizei-leit-stelle,* wenn Bezugsberechtigungen abgeworfen wurden über Art, Ausstellungsbehörde, -zeit, Serienreihe, Kartennummern, Gültigkeitsdauer, Stempelaufdrucke, sonstige Merkmale und den Umfang des Abwurfs.«
Zu den Fälschungen heißt es dann ausdrücklich:

»5. Im engsten Einvernehmen mit dem Ernährungs- und Wirtschaftsamt sowie den Parteidienststellen ist die Bevölkerung durch Bekanntmachung in der örtlichen Tagespresse oder mittels Anschlags über den Abwurf der Bezugsberechtigungen zu unterrichten und auf die Ablieferungspflicht an die Polizeidienststellen hinzuweisen. Die Bevölkerung ist darüber aufzuklären, daß schon derjenige, der falsche Bezugsberechtigungen findet und aufbewahrt, weitergibt oder entgegennimmt, ohne den Fund abzugeben oder anzuzeigen, als Kriegswirtschaftsverbrecher und Volksschädling anzusehen ist. Er hat mit schwersten Zuchthausstrafen oder sogar mit Todesstrafe zu rechnen. Um von der Verwertung abzuschrecken, ist allgemein zu erwähnen, daß sich die Fälschungen von den Originalen unterscheiden. Die Fälschungsmerkmale dürfen in keinem Falle veröffentlicht werden.«

Die Bevölkerung erfuhr von den Fälschungen nur in zensierten Mitteilungsblättern und Zeitungsnotizen:

»Vorsicht vor gefälschten Lebensmittelmarken.

Bei Luftangriffen werden vom Feind immer wieder Reise- oder Gaststättenmarken abgeworfen. Die gefälschten Marken sind von den echten zu unterscheiden.

Aufgefundene falsche Stücke sind unverzüglich bei der nächsten Polizeidienststelle abzuliefern. Personen, die falsche Stücke finden und verwenden, diese weitergeben oder entgegennehmen, ohne den Fund abzugeben, sind Kriegswirtschaftsverbrecher und Völksschädlinge und werden mit schweren Zuchthausstrafen oder mit dem Tod bestraft.«

Maßnahmen der Justiz gegen die Flugblattpropaganda: »Bestraft wird, wer eine Tat begeht, die das Gesetz für strafbar erklärt oder die nach dem Grundgedanken eines Strafgesetzes und nach gesundem Volksempfinden Bestrafung verdient. Findet auf die Tat kein bestimmtes Strafgesetz unmittelbar Anwendung, so wird die Tat nach dem Gesetz bestraft, dessen Grundgedanke auf sie am besten zutrifft.«[37]

Mit dieser Rechtsauffassung war jede strafrechtliche Verfolgung legitimiert. Eine Verschärfung trat am 4. 9. 1941 mit dem Gesetz zur Änderung des Reichsstrafgesetzbuches[38] ein, dessen § 1 lautete: »Der gefährliche Gewohnheitsverbrecher [. . . verfällt] der Todesstrafe, wenn der Schutz der Volksgemeinschaft oder das Bedürfnis nach gerechter Sühne es erfordern!« In § 10 wurde der juristischen Verfolgung jede Möglichkeit eröffnet, denn dieses Gesetz »gilt auch für Straftaten, die vor seinem Inkrafttreten begangen sind«.

Im Kommentar von Pfundtner-Neubert[39] heißt es: »Der Schutz des Volkes erfordert die Todesstrafe insbesondere[40] dann, wenn der Verbrecher für die Allgemeinheit in hohem Maße gefährlich ist, . . .«

Der Abschreckung durch Terror dienten die Veröffentlichungen der Todesurteile durch die Presse, von der Himmler meinte:

»Ich trete für die Bekanntgabe solcher Urteile mit vollem Bewußtsein ein. Sehen Sie, es ist ja nicht unser Wunsch, daß wir möglichst viele Leute dem Tode überantworten. Es ist traurig genug, wenn man das tun muß [...] Wenn aber die Notwendigkeit dazu besteht, dann dürfen wir keine falsche Barmherzigkeit mit uns selbst haben ...«[41]

Für die Millionen von »Fremdarbeitern« im Reichsgebiet galten noch erheblich schärfere Strafbedingungen. Besonders die »Fremdarbeiter Ost«, definiert als »Arbeitskräfte aus dem Altsowjetischen Gebiet«, wurden am härtesten bestraft:

»IV. *Reichsfeindliche Bestrebungen.* Reichsfeindliche Bestrebungen, insbesondere Verbreitung kommunistischen Gedankenguts, Zersetzungspropaganda, Sabotageakte, sind mit schärfsten Maßnahmen zu bekämpfen. Durch schnellen Zugriff darf die Sorgfalt bei der Anstellung von Ermittlungen nicht leiden, um den gesamten Täterkreis zu erfassen. Reichsfeindliches Verhalten ist in der Regel durch Sonderbehandlung zu ahnden, in leichteren Fällen wird Einweisung in ein Konzentrationslager in Frage kommen.«[42]

Unter »Sonderbehandlung« war die Todesstrafe zu verstehen:

»(5) Die Sonderbehandlung erfolgt durch Strang. Sie soll nicht in unmittelbarer Umgebung des Lagers stattfinden. Eine gewisse Anzahl von Arbeitskräften aus dem altsowjet-russischen Gebiet soll der Sonderbehandlung beiwohnen; ihnen ist dabei der Tatbestand, der zur Sonderbehandlung führte, warnend bekanntzugeben. (6) Sollte aus Gründen der Lagerdisziplin ausnahmsweise Sonderbehandlung im Lager erforderlich sein, ist dies mit zu beantragen.«[43]

Einen Einblick in die Praxis dieser verwalteten Unmenschlichkeit vermitteln die Vernehmungsprotokolle der Gestapo und Auszüge aus den Sondergerichtsakten. Exemplarisch soll hier aus den Akten des Sondergerichts Nürnberg die Geschichte einer Nürnberger Arbeiterin angeführt werden:

Der Betriebsobmann teilt der Gestapo mit, daß L. im Besitz eines in der Nacht vom 10./11. September von einem Feindflieger abgeworfenen staatsfeindlichen Flugblattes sei, das die genannte auch an dritte Personen zur Kenntnisnahme weitergegeben habe. L. ist Arbeiterin, 1919 geboren. L. wurde am 12. 9. 1939 an der Arbeitsstelle verhaftet. Einvernahme: L. gibt an, das Flugblatt in der Luitpoldstraße in Nürnberg auf der Straße gefunden zu haben, sie habe es erst am nächsten Morgen bei der Arbeit gelesen und dann an eine Freundin weiter gegeben. Haftbegründung der Gestapo für die dreimonatige Untersuchungshaft: Haft wegen Vergehens nach § 2 Heimtükkegesetz [. . .] L. gehörte vor der Machtübernahme der Jugendgruppe des marxistischen Arbeiter Turn- und Sportvereins an. Sie wurde also im marxistischen Sinne erzogen, zumal ihr Vater langjähriges Mitglied der SPD und des Reichsbanners war. Die Angaben der L., daß sie das Flugblatt am 11. 9. 1939 gegen 17 Uhr in der Luitpoldstraße gefunden habe, sind absolut unglaubhaft. Eine große Masse Flugblätter wie das beiliegende, deren Inhalt L. unter ihren Arbeitskameraden verbreitet hat, wurden in der Nacht zum 11. 9. 1939 durch feindliche Flugzeuge in der Umgebung von Nürnberg abgeworfen. Nach den Feststellungen sind im Stadtgebiet Nürnberg lediglich in der Peripherie einzelne Flugblätter gefunden worden. Die große Masse der Flugblätter wurde in den Landkreisen um Nürnberg herum abgeworfen und dort gesammelt. Es wurden von Seiten der Behörden alle Maßnahmen ergriffen, um die Flugblätter möglichst restlos zu erfassen, damit sie nicht unter die Bevölkerung gelangen. Der Inhalt des Flugblattes ist dazu bestimmt und geeignet, die Geschlossenheit, den Kampfwillen und die Kampfkraft des deutschen Volkes zu zersetzen und das deutsche Volk in Gegensatz zu seiner Führung zu bringen. Die Beschuldigte hat den Inhalt des Flugblattes gelesen und auch die Tendenz desselben erkannt und hat trotzdem das Flugblatt an Arbeitskameraden diesen zum Lesen weitergegeben. Es kann somit keinem Zweifel unterliegen, daß die L. den Inhalt des von ihr als staatsfeindlich und zersetzend erkannten Flugblattes weiter verbreitet hat, um andere Personen gegen die Führung des Reiches aufzuhetzen. Das Flugblatt enthält am Schluß die Aufforderung »Weitergeben«, auf den letzten Absatz des Flugblattes wird besonders hingewiesen. Begründung der Haft: Bei dem leichtsinnigen und verantwortungslosen Verhalten der Beschuldigten steht zu befürchten, daß sie die Freiheit zu neuen strafbaren Handlungen ähnlicher Art mißbrauchen würde [. . .] Staatsanwalt beim Sondergericht Nürnberg: . . . »Wegen Vorbereitung zum Hochverrat [. . .] Nach Sachlage erscheint der Verdacht der Vorbereitung eines hochverräterischen Unternehmens begründet . . .« Anklageschrift: L. ist hinreichend verdächtig, eine Druckschrift deren Hinhalt den äußeren Tatbestand des Hochverrates (§§ 80–84 RSTGB) begründet, verbreitet zu haben, obwohl sie bei sorgfältiger Prüfung der Schrift den hochverräterischen Inhalt hätte erkennen können.[44] L. wurde zu vier Monaten Gefängnis und zur Übernahme sämtlicher Gerichtskosten verurteilt. Sie wurde im Gerichtssaal nach der Urteilsverkündung zur Verbüßung der Reststrafe verhaftet.

Wirkung der Flugblattpropaganda: »Ende 42 beim Reisigsammeln im Westerberg ein Flugblatt ›Novembertag‹ gefunden: [. . .] Seitdem ständige Lektüre von Flugblättern«, notiert Peter Rühmkorf in seinen »Erinnerungen«.[45] »Wo die Schule mich dumm ließ und das Leben mich unglücklich machte, wurden SIE mein Fernlehrkurs, meine Politakademie, meine Kunsthochschule, mein Manna: FLUGBLÄTTER! Nach jedem Fliegerangriff, gleich nach der Entwarnung, erwachte fieberhaft mein Jagdtrieb. Hörte ich von Bombenabwürfen und Flugzeugabstürzen in der näheren Nachbarschaft, wallfahrte ich zu den Fundstellen und fahndete nach neuesten Informationen . . .« »Zwischen 43 und 44 wird der Druck auf die ermürbenden deutschen Fronten stärker, der Druck im Inneren mörderisch. Unsere Freunde von oben schreiben: ›Hitler kann den Krieg nicht mehr gewinnen – er kann ihn nur noch verlängern‹ . . .« 1944, nach der Invasion, heißt es über die Flugblattzeitung des USA Kriegsinformationsamtes (Abb. 60): »Meine letzten zuverlässigen Informationen (von oben) bezogen sich immer nur noch auf das ›Sternenbanner‹ vom 13. d. M.: Caen gefallen, Russen in Wilna, Livorno bedroht, die Hamburger Ölraffinerien in Flammen . . .«

Die Wirkung der Flugblattpropaganda läßt sich heute nur noch an solchen Erinnerungen, an zeitgenössischen Fundberichten, an den Strafverfolgungsbestimmungen der deutschen Polizei und Justiz ablesen. Die drakonischen Urteile oder Goebbels taktische Überlegungen zur Abwehr der Feindpropaganda durch den Zeitplan für eine offensive Propaganda sind Symptome einer Wirkung, die den Ablauf des Krieges trotz ungeheuerlicher Anstrengungen nicht sichtbar beeinflussen konnte.

Der mengenmäßige Aufwand der eingesetzten Flugblätter war, wie gezeigt werden konnte, außerordentlich. Die Anstrengungen nahmen im Verlauf des Krieges immer weiter zu. Die Kosten blieben, verglichen mit dem sonstigen Aufwand für Kriegsgerät, verschwindend gering.[46]

Der Abwurf der Flugblätter war bei wachsender Luftüberlegenheit der Alliierten zumindest für die deutsche Luftwaffe mit hohen Risiken verbunden.

»Es gab Flugblätter, die eine starke Wirkung ausübten«, gab

der Finder des englischen Flugblatts (Abb. 1) vor einigen Jahren zu Protokoll, »in diesem Text lag ein Ernst, der aufhorchen ließ«. Dem steht der Bericht vom 26. 4. 1940 in den ›Meldungen aus dem Reich‹[47] gegenüber, in dem festgestellt wird: »Die Wirkung der Flugblätter ist nach wie vor gering. Sie werden von der Bevölkerung als geradezu lächerlich bezeichnet. Eine Ausnahme bildet dabei nur das Flugblatt über die deutschen Verluste in der Norwegen-Aktion, wofür infolge des Ausbleibens deutscher Angaben ein gewisses Interesse festzustellen war.«

Über die Flugblätter des Nationalkomitees Freies Deutschland liegen zahlreiche Berichte[48] vor, die das Münchner Institut für Zeitgeschichte gesammelt hat:

Generalfeldmarschall Erich von Manstein: »Das Nationalkomitee ist sowohl von der Truppe wie von den Offizieren der kämpfenden Ostfront eindeutig abgelehnt worden. Versuche des Nationalkomitees, Anfang 1944 auf die kämpfende Truppe einzuwirken, blieben daher von vornherein aussichtslos.«

Generaloberst Hans Friessner: »Wir wußten vom Nationalkomitee überhaupt nichts und erfuhren erst durch von russischen Flugzeugen abgeworfene Flugblätter und durch die Aufklärung von deutscher Seite davon. Reaktion: außer Eindruck eines plumpen Propagandatricks keine. Keine Erfolge, da Truppe immun. Sie hielt solche Versuche für lächerlich.«

General von Tippelskirch: »Die meist recht schlecht aufgemachten Flugblätter wurden befehlsgemäß abgeliefert und häuften sich zu Bergen bei den Feindbearbeitern der höheren Kommandobehörden.«

Dagegen steht der Bericht über die Aufmerksamkeit, mit der Hitler die Tätigkeit des Komitees verfolgte. »Ich glaube, daß er [Hitler] zumindest im Jahre 1944 dieser Propaganda zutraute, auf den Zusammenbruch der Heeresgruppe Mitte im Juli und August Einfluß gehabt zu haben.«[49]

Das alles entscheidende Vorhaben, die rasche Einstellung der Kampfhandlungen an der Ostfront, hat das NKFD trotz allem Aufwand an Flugblättern, Zeitungen, Lautsprecheraufrufen und Rundfunksendungen nicht erreicht. Damit war seine Existenz im Nachkriegsdeutschland besiegelt. Die mündlichen Zusicherungen von sowjetischer Seite waren politisch irrelevant geworden. Alle liberalistischen Tendenzen der Bewegung Freies Deutschland in westeuropäischen Ländern fielen dem stalinistischen Kurs und den politischen Absprachen der Großmächte zum Opfer.

Waren die Flugblätter also wirkungslos?
Die Flugblätter haben vielfach von einer Wirklichkeit berichtet, die mit der Wirklichkeit der Empfänger nicht übereinstimmte. Sie fielen – zumindest in »Großdeutschland« – in eine Welt der gleichgeschalteten Publizistik, die eine Konsonanz der öffentlichen Meinung produzierte, die noch 1944 an einen »Endsieg« glauben ließ. Die Beeinflussung des Individuums, das sich einer Gruppe, einer »Volksgemeinschaft« zugehörig fühlt, erweist sich dort als besonders schwierig, wo die Normen infrage gestellt werden. So war Polemik gegen die deutsch-sowjetischen Abkommen zu Beginn des Krieges (Abb. 4, 6, 7, 9, 12) propagandistisch längst abgefangen durch den Hinweis auf den Neid der Entente über ein Abkommen, das sie für sich selbst gewünscht hätte.
Die englische ›Revised German Leaflet Directive‹ empfahl den Flugblatt-Herstellern: (1) Niemals eigene Hoffnungen auf den Kriegsverlauf als Tatsachen darzustellen; (2) Niemals davon auszugehen, daß der deutsche Leser bereits von der eigenen Meinung überzeugt sei; (3) Niemals die im Flugblatt intendierten Absichten zu enthüllen.[50] Unter den Positiv-Regeln wird zwar der »Standpunkt des Lesers« als Grund-*Satz* empfohlen, aber die hier abgedruckten Beispiele beweisen, daß die angebotene Meinungsschablone häufig nicht mit den vorgeprägten und propagandistisch unterstützten Stereotypen der Empfänger zusammentraf. Die Folge waren entweder Ablehnung oder Umdeutung der angebotenen Nachrichten. Denn:
»Feindpropaganda ist Gift! Wer sich damit einläßt oder ihm erliegt, ist verloren.«[51]

Anmerkungen

[1] Emil Dovifat: ›Handbuch der Publizistik‹, Bd I, Berlin 1968, S. 269.

[2] Dovifat, a.a.O., S. 270.

[3] ›Schubarts Werke in einem Band‹. Ausgewählt und eingeleitet von Ursula Wertheim und Hans Böhme. Berlin/Weimar [3]1965. Nach Kluge-Götze verwendete Schubart das Wort »Flugblatt« bereits 1788.

[4] Hermann Wäscher: ›Das deutsche illustrierte Flugblatt. Von den Anfängen bis zu den Befreiungskriegen‹, Bd I, Dresden 1955, Abb. 1.

[5] Dovifat, a.a.O., S. 269ff.

[6] vgl. Rudolf Schenda: ›Volk ohne Buch. Studien zur Sozialgeschichte der populären Lesestoffe. 1770–1910‹, Frankfurt 1970, S. 274ff.

[7] Wäscher, a.a.O.; Wäscher, Bd 2, Dresden 1956. – ›Jakobinische Flugschriften aus dem deutschen Süden Ende des 18. Jahrhunderts‹, Eingeleitet und hrsg. von Heinrich Scheel. – Walter Grab: ›Norddeutsche Jakobiner. Demokratische Bestrebungen zur Zeit der Französischen Revolution‹, Frankfurt 1967. – (Katalog:) ›Kunst der bürgerlichen Revolution von 1830 bis 1848/49‹, Berlin 1972. – Karl Obermann: ›Flugblätter der Revolution. Eine Flugblattsammlung zur Geschichte der Revolution von 1848/49 in Deutschland‹, Berlin (DDR) 1970; dasselbe, gekürzt. München 1972.

[8] Emil-Marie Claassen/Louis-Ferdinand Peters: ›Rebellion in Frankreich. Die Manifestation der europäischen Kulturrevolution 1968‹, München 1968. – ›Merde. Karrikaturen der Mairevolte. Frankreich 1968‹, Hrsg. von V. H. Brandes und H. Sylvester, München 1968.

[9] ›Der Krieg gegen Frankreich. 1870–1871‹ von Th. Tontane. II Band: ›Der Krieg gegen die Republik‹, Berlin 1875; Reprint München 1971, S. 206f.

[10] Fontane, a.a.O., S. 213.

[11] Fontane, a.a.O., S. 213f.

[12] Fontane, a.a.O., S. 271f.

[13] Kurt Koszyk/Karl Hugo Pruys: ›dtv-Wörterbuch zur Publizistik‹, München 1969, S. 122.

[14] Die Flugblätter des deutschen Widerstandes gegen Hitler, Flug- und Tarnschriften der Emigration wurden bisher nur für den kommunistischen Bereich aufgearbeitet: Heinz Gittig: ›Illegale antifaschistische Tarnschriften. 1933 bis 1945‹, in: (87. Beiheft zum) ›Zentralblatt für Bibliothekswesen‹, Leipzig 1972 / Frankfurt 1972.

[15] ›»Wollt Ihr den totalen Krieg?« Die geheimen Goebbelskonfe-

renzen. 1939–1943‹, Hrsg. und ausgewählt von Willi A. Boelcke, München 1969, S. 7f.

[16] ›Meldungen aus dem Reich. Auswahl aus den geheimen Lageberichten des Sicherheitsdienstes der SS. 1939–1944‹, Hrsg. von Heinz Boberach, München 1968.

[17] P. Witteck, ›Der britische Ätherkrieg gegen das Dritte Reich‹, Münster 1962.

[18] Koszyk/Pruys, a.a.O., S. 292; dort weitere Zahlenangaben.

[19] Vgl. Inge Scholl, ›Die Weiße Rose‹, Frankfurt/Main 1952, S. 108–110. Hitler hatte am 22./23. 12. 1942 den Ausbruchversuch der 6. Armee aus dem Kessel von Stalingrad untersagt. Ende Januar/Anfang Februar 1943 gingen von den 330.000 eingeschlossenen Soldaten 90.000 in russische Gefangenschaft; etwa 120.000 waren gefallen; über 100.000 wurden ausgeflogen.

[20] Vgl. Anmerkung 13

[21] Hasso von Wedel, ›Die Propagandatruppen der deutschen Wehrmacht‹, Neckargemünd 1962, S. 9.

[22] Heinrich Kessemeier, ›Der Feldzug mit der anderen Waffe‹, Hamburg 1940, S. 48.

[23] Abb. 71. Für die Wirkung dieses Flugblatts spricht die deutsche Fälschung: Abb. 72.

[24] W. E. Daugherty: ›A Psychological Warefare Casebook‹, Baltimore [4]1968, S. 40.

[25] Bundesarchiv – Militärarchiv Freiburg Sig. AOK 20/58631/5.

[26] Wedel, a.a.O., S. 29.

[27] Bundesarchiv – Militärarchiv Freiburg Sig. RW 4/v. 251.

[28] R. H. S. Crossmann, ab 1944 Chief Assistant der Psychological Warfare Division bei SHAEF.

[29] Harris, ›Bomber Offensive‹, a.a.O., S. 23.

[30] Public Record Office London, Sig. FO 898/458.

[31] a.a.O.

[32] Erdmann, ›Leaflet Operations in the Second World War‹, Denver 1969.

[33] Gestapo-Bericht.

[34] Bundesarchiv – Militärarchiv Freiburg, Sig. RW 4/v. 244.

[35] Staatsarchiv Landshut, Rep. 181, Fasz. 2 Nr. 36.

[36] Mitteilungsblatt Nr. 45, für den Selbstschutz, Nürnberg 16. 3. 1944 (Archiv des Autors).

[37] § 2 STGB aus ›Schnellkartei des Reichsrechts‹, Köln o. J.

[38] a.a.O., S. 239.

[39] J. Staff: ›Justiz im Dritten Reich‹, Frankfurt/Main 1964, S. 63.

[40] Staff, a.a.O., S. 63.

[41] Rede Himmlers auf der Befehlshabertagung in Bad Schachen am 14. 10. 1943. Dokument 070L, Bd XXXVII, Nürnberger Prozeß.

[42] Erlaß Himmlers vom 20. 2. 1942, Dokument 3040 PS, Bd XXXI, Nürnberger Prozeß.

[43] a.a.O.

[44] Akten des Sondergerichts Nürnberg, Sig. SG 173/39 (Sinngemäß zitiert).

[45] Peter Rühmkorf, ›Die Jahre die Ihr kennt. Anfälle und Erinnerungen‹ Reinbek 1972, S. 10ff.

[46] Das englische Flugblatt G 1 (1944), zweifarbig, in einer Auflage von 3 Millionen Exemplaren kostete 0,25 Reichspfennige pro Exemplar.

[47] ›Meldungen aus dem Reich‹, Bundesarchiv, Sig. R 58/148.

[48] Bodo Scheurig [Hrsg.]: ›Verrat hinter Stacheldraht? Das Nationalkomitee »Freies Deutschland« und der Bund Deutscher Offiziere in der Sowjetunion 1943–1945‹, München 1965, S. 136.

[49] Wilhelm H. Scheidt, in: Scheurig, a.a.O. S. 136.

[50] Public Record Office London, Sig. FO 898, a.a.O.

[51] Rühmkorf, a.a.O., S. 12.

Abbildungen

Begründete Schätzungen lassen vermuten, daß während des Zweiten Weltkriegs etwa 30.000 verschiedene Flugblätter von deutscher und alliierter Seite in Europa eingesetzt worden sind. Flugblätter des afrikanischen und asiatischen Kriegsschauplatzes sind in dieser Zahl nicht enthalten. Bis heute konnte nur ein vergleichsweise kleiner Teil nachgewiesen werden. Nur wenige Flugblattserien sind vollständig erhalten. Die Auswahl der faksimilierten Blätter folgt chronologisch dem Kriegsverlauf. Flugblättern englischer (24), französischer (6), polnischer (1), russischer (15), amerikanischer (2) bzw. anglo-amerikanischer (6) Provenienz wurde dabei der Vorzug vor deutschen Flugblättern (22) gegeben, die naturgemäß in der Sprache des militärischen Gegners abgefaßt sind und deren Argumentationsweise sich den Erfahrungen des deutschen Lesers auch dann vielfach entzieht, wenn er die jeweilige Sprache versteht. Eine detaillierte Darstellung der deutschen Flugblattpropaganda im Zweiten Weltkrieg scheitert an den fehlenden Dokumenten, die zumindest für Teilbereiche lückenlos vorhanden sein müßten, um allgemeine Rückschlüsse zuzulassen.

Aufgenommen wurden sogenannte strategische und taktische Flugblätter; Blätter, die für die Zivilbevölkerung bestimmt waren und solche, die an Fronten oder Frontabschnitten eingesetzt wurden; Nachdrucke von Verlautbarungen des Deutschen Widerstands und Hinweise auf die Sendezeiten der sogenannten Feindsender; Flugblattzeitungen und Passierscheine. Vier Flugblätter vom Nationalkomitee Freies Deutschland bzw. dem Bund Deutscher Offiziere geben ein Beispiel für die bereits im Ersten Weltkrieg tätigen politischen Kriegsgefangenenorganisationen, die sich an die Seite des militärischen Gegners stellten: Sie sind zuweilen namentlich unterzeichnet, eine Ausnahme von der Regel.

Bei der Auswahl der Abbildungen mußte auf den Erhaltungszustand und damit auf die Reproduzierbarkeit dieser Dokumente Rücksicht genommen werden. Die Lesbarkeit der Abbildung war entscheidender als ein noch so interessantes Dokument. Die handschriftlichen Zusätze der Finder (»Feindpropaganda« oder Fundberichte) wurden ebenso reproduziert wie Brandspuren, Ballonaufhängungen oder Beschädigungen der Vorlage.

Die Anmerkungen zu den Abbildungen beschränken sich auf technische Angaben: Titel, Codezeichen, Größe, Schmuckfarben, Herkunft,

Datierung, Abwurfgebiet. Die Anmerkungen (A) oder Annotationen sollen die jeweilige Situation des Kriegsverlaufs skizzieren bzw. kenntlich machen, wie die anonymen Verfasser die Situation darstellen: Wo möglich wurden z. B. Zahlenangaben über Verluste usw. kontrolliert. Hinzu kommen regierungsoffizielle Äußerungen von deutscher Seite zu einzelnen Flugblättern.

Literatur zum Thema

H. Boberach [Hrsg.]: ›Meldungen aus dem Reich. Auswahl aus den geheimen Lageberichten des Sicherheitsdienstes der SS. 1939–1944‹, München 1968.

W. A. Boelcke [Hrsg.]: ›»Wollt Ihr den totalen Krieg!« Die geheimen Goebbelskonferenzen. 1939–1943‹, Stuttgart 1967.

W. E. Daugherty/M. Janowitz: ›A Psychological Warfare Casebook‹, Baltimore 1958; 1968.

Sefton Delmer: ›Die Deutschen und ich‹, Hamburg 1963.

E. Dovifat: ›Handbuch der Publizistik‹, Berlin 1968.

J. M. Erdmann: ›Leaflet Operations in Second World War‹, Denver 1969.

J. C. W. Field: ›Aerial Propaganda Leaflets‹, Sutton/Coldfield 1954.

Heinz Gitting: ›Illegale antifaschistische Tarnschriften. 1933–1945‹, Leipzig/Frankfurt 1972.

H. Kessemeier: ›Der Feldzug mit der anderen Waffe‹, Hamburg 1940.

K. Kirchner: ›Flugblattpropaganda im 2. Weltkrieg. Wanted . . .‹, München 1972.

K. Kirchner: ›Flugblattpropaganda im 2. Weltkrieg. Flugblätter aus England. G-1942‹, Erlangen 1974.

K. Kirchner: ›Achtung! Feind-Propaganda! Attentat auf Hitler. Im Namen des deutschen Volkes‹, Erlangen 1974.

K. Kirchner: ›Achtung! Feind-Propaganda! Dr. Goebbels: Dreissig Kriegsartikel für das deutsche Volk‹, Erlangen 1974.

K. Koszyk/K. H. Pruys: ›dtv-Wörterbuch der Publizistik‹, München 1969.

D. Lerner: ›Skywar. Psychological Warfare against Germany. D-Day to VE-Day‹, New York 1949.

L. Leser: ›Bücherschau der Weltkriegsbücherei‹, Stuttgart 1958.

P. M. A. Linebarger: ›Psychological Warfare‹, Washington 1958.

H. v. Wedel: ›Die Propagandatruppen der deutschen Wehrmacht‹, Neckargmünd 1962.

›Falling Leaf Magazine‹, Zeitschrift der Psywar Society affiliated to an International Association of Psychological Warfare Historians and Collectors of Aerial Propaganda Leaflets, St. Albans 1958ff.

Warnung

Großbritannien an das Deutsche Volk.

Deutsche,

Mit kühl erwogenem Vorsatz hat die Reichsregierung Großbritannien Krieg auferzwungen. Wohl wußte sie, daß die Folgen ihrer Handlung die Menschheit in ein größeres Unheil stürzen, als 1914 es tat. Im April gab der Reichskanzler euch und der Welt die Versicherung seiner friedlichen Absichten; **sie erwies sich als ebenso wertlos** wie seine im September des Vorjahres im Sportpalast verkündeten Worte: „Wir haben keine weiteren territorialen Forderungen in Europa zu stellen."

Niemals hat eine Regierung ihre Untertanen unter geringerem Vorwand in den Tod geschickt. Dieser Krieg ist gänzlich unnötig. Von keiner Seite waren deutsches Land und deutsches Recht bedroht. Niemand verhinderte die Wiederbesetzung des Rheinlandes, den Vollzug des Anschlusses und die unblutig durchgeführte Einkörperung der Sudeten in das Reich. Weder wir, noch irgendein anderes Land, versuchte je dem Ausbau des deutschen Reiches Schranken zu setzen—solange dieses nicht die Unabhängigkeit nicht-deutscher Völker verletzte.

Allen Bestrebungen Deutschlands—solange sie Andern gerecht blieben—hätte man in friedlicher Beratung Rechnung getragen.

273

Herkunft: England — September 1939

!!! Warnung !!!

— Seite 2 —

Präsident Roosevelt hat euch sowohl Frieden mit Ehren als auch die Aussicht auf materielle Wohlfahrt angeboten. An Stelle dessen hat eure Regierung euch **zu dem Massenmord, dem Elend und den Entbehrungen eines Krieges verurteilt,** den zu gewinnen sie nicht einmal erhoffen können.

Nicht uns, sondern euch haben sie betrogen. Durch Jahre hindurch hat euch eine eiserne Zensur Wahrheiten unterschlagen, die selbst unzivilisierten Völkern bekannt sind. Diese Zensur hält den **Geist** des deutschen Volkes in einem **Konzentrationslager** gefangen. Wie sonst konnten sie es wagen, die Zusammenarbeit friedliebender Völker zur Sicherung des Friedens fälschlich als feindliche Einkreisung darzustellen? Wir hegen **keine Feindseligkeit** gegen euch, das deutsche Volk.

Diese Nazi Zensur hat euch **verheimlicht,** daß ihr **nicht über die Mittel verfügt,** einen langen Krieg durchzuhalten. Trotz erdrückender Steuerlast seid ihr **am Rande des Bankrotts.** Wir und unsere Bundesgenossen verfügen **über unermeßliche Reserven an Manneskraft, Rüstung und Vorräten.** Wir sind zu stark, durch Hiebe gebrochen zu werden und können euch unerbittlich bis zur Enderschöpfung bekämpfen.

Ihr, das deutsche Volk, habt das Recht, auf Frieden zu bestehen jetzt und zu jeder Zeit. Auch wir wünschen den Frieden und sind bereit, ihn **mit jeder aufrichtig friedlich gesinnten deutschen Regierung abzuschließen.**

Deutsche Soldaten

Anf jedem Schritt seid Ihr durch Eure Führer belogen. Die Mehrzahl von ihnen glaubt nicht an das, was man Euch glauben machen will. Nur sehr wenige verblendete Parteigenomen rechnea mit einem Sieg. Der Rest gibt sich den Anschein das Glaubens.

Die' „Genialität„ Hitlers, eines Unteroffiziers der Landwehr,' kann Euch vor der Niederlage nicht erretten. Ein Dummer kônnte das niaht einmal glauben. Eure „Erfolge" sind nur das Ergebnis einer planvollen Aktion der polnischen Heeresleitung. Je weiter Ihr vordringen werdet, unso grösser wird Eure Niederlage.

Wisst Ihr, dass Eure Städte durch französiche, englische und polnische Flugzenge bombardiert werden?!!

Wisst Ihr, dass Eure Panzertruppen, die bis vor Warszawa vorgedrungen sind, durch das polnische Heer umzingeltsind und durch Mangel an Kraftstoff lahmgelegt sind?!

Wisst Ihr, dass das ganze Saargebict in französischen Händen ist und dass die französiche Offensive Eure Siegfriedslinie, an der sich Eure Machthaber bereichert haben, zerschmettert?!

Wisst Ihr, dass Danzig im Besitz von englischen Truppen ist, die dort die englische Flotte an Land gesetzt hat. -

Wisst Ihr, dass die ganze Wel gegen Euch rüstet, dass die Völker, die noch neutral sind, mobilisieren, um zur gegebenen Stunde Euch ein Stück Landes abzuschneiden.

Wisst Ihr, dass im Reiche Gestapo wütet und hunderte von Euren Angehörigen hinrichtet, die sich den Anordnungen widersetzen, die sie dem Hungertode aüssetzen?

Wisst Ihr, dass man vor dem Palast des Führers in Berlin zu den hungernden Manifestanten schiesst?

Nein, Ihr wisst es nicht. Diese Nachrichten werden Euch durch die Agenten der Gestapo und Eure Führer geheimgehalten!

Verlangt von ihnen eine Beantwortung dieser Fragen!

Deutsche Soldaten! verlangt Beendigung des Krieges!

Tretet auf allen Fronten mit der Waffe in der Hand über und ergebet Euch, dann ist das Ende des Krieges nahe.

Weg mit dem verblendeten wahnsinnigen Hitler!

Es lebe das von Tyrannen freie Deutsche Reich.

Deutsche in Polen.

Herkunft: Polen September 1939

Deutsche Soldaten!

Wieder stehen wir uns wie 1914 mit der Waffe in der Hand gegenüber. Euer Führer hat den Krieg begonnen und am 3. September mit den Worten begründet: „Wir haben nichts zu verlieren und alles zu gewinnen".

Deutsche Kameraden! Uns treibt ein anderer Wille zu den Waffen.

Wir wollen nichts gewinnen, wir wollen das verteidigen, was uns heilig ist: unsere Heimat, das Recht zu leben, wie wir wollen, unsere Freiheit.

Wir führen den Kampf nicht gegen Euer Volk, sondern gegen ein System, das 1938 Oesterreich und Böhmen im tiefen Frieden überfallen hat, das im Frühjahr 1939 Prag besetzt und jetzt Polen angreift, ein System, das die ganze Welt seiner barbarischen Diktatur unterwerfen will.

**Jetzt hat sich die Welt erhoben,
und - zweifelt nicht daran -
sie wird den Friedenstörer
und Angreifer niederwerfen!**

Die Welt ist in der Abwehr einig. Polen, Frankreich und England finden die Hilfe aller Völker. Japan hat den Führer verlassen, Rom ist neutral.

Deutsche Kameraden, wehrt Euch gegen den unsinnigsten und verbrecherichsten aller Kriege! Nieder mit dem Hitlerkrieg!

**Verweigert einem System die Hilfe,
das Euer eigenes Volk unterdrückt,
Hunderttausende gefangen hält
und Euch mit in den
Untergang reißen will!**

Herkunft: Frankreich September 1939

Der Führer spricht!

„Glauben Sie, daß wir unsere Jugend, die unsere ganze Zukunft ist, und an der wir alle hängen, nur erziehen, um sie dann auf dem Schlachtfelde zusammenschießen zu lassen? ... Niemand von uns denkt daran, mit Polen wegen des Korridors einen Krieg zu beginnen."
(Interview mit dem englischen Journalisten Ward Price.
V. B. 20. October 1933.)

„Deutschland hat mit Polen ... einen Nichtangriffsvertrag abgeschlossen, als einen weiteren mehr als wertvollen Beitrag zum europäischen Frieden, den es nicht nur blind halten wird, sondern von dem wir nur den einen Wunsch haben ... einer sich daraus immer mehr ergebenden freundschaftlichen Vertiefung unserer Beziehungen."
(Reichstagsrede vom 21. Mai 1935.)

Also sprach Adolf Hitler.

Herkunft: England November 1939

Der Führer spricht!

„Für uns ist dieser Bolschewismus aber eine Pest ... Jede weitere deutsche vertragliche Verbindung mit dem derzeitigen bolschewistischen Rußland würde für uns ganz wertlos sein. Weder wäre es denkbar, daß nationalsozialistische deutsche Soldaten jemals zum Schutz des Bolschewismus eine Hilfspflicht erfüllen, noch wollen wir selbst von einem bolschewistischen Staat eine Hilfe entgegennehmen." (Reichstagsrede vom 30. Jan. 1937.)

„Zu einem einzigen Staate haben wir kein Verhältnis gesucht und wünschen auch zu ihm in kein engeres Verhältnis zu treten: Sowjet Rußland."
(Reichstagsrede vom 20. Feb. 1938.)

„Die Regenten des heutigen Rußlands sind blutbefleckte gemeine Verbrecher."
(Mein Kampf, Seite 750.)

Also sprach Adolf Hitler.

288

Mr. Chamberlain erklärte in seiner Rundfunkrede vom 26. November:

Englands Friedensziel

ist die Schaffung eines

neuen Europas!

„Nicht ein neues Europa im Sinne einer gewaltsamer Grenzveränderung, und einer Neuzeichnung der europäischen Landkarte nach dem Willen der Siegermächte, sondern eine geistige Erneuerung Europas, so daß die Völker ihre Probleme mit gutem Willen und gegenseitiger Achtung lösen können."

„Grenzveränderungen, die sich als notwendig erweisen, müssen von gleichberechtigten Nachbarn am Verhandlungstisch entschieden werden; wenn es wünschenswert erscheint, mit Hilfe unparteiischer Dritter."

Wer verhindert

diesen gerechten Frieden und

die Erneuerung Europas?

Die Nazi Regierung,

denn sie raubte ihren Nachbarn den Frieden, und

stürzte Deutschland in den Krieg!

Warum hat Goebbels den Sinn der Chamberlain-Rede bewusst entstellt?

Herkunft: England Dezember 1939

Mr. Chamberlain erklärte in seiner Rundfunkrede vom 26. November:

Englands Kriegsziel

ist die

Vernichtung des Nazi Systems:

„Jenes aggressiven und brutalen Nazigeistes, der unablässig andere Völker mit Gewalt zu beherrschen sucht."

„Wenn das deutsche Volk davon überzeugt werden kann, daß jener Nazigeist für Deutschland ebenso unheilvoll ist, wie für die übrige Welt, dann wird es ihn aufgeben. Wenn es uns ohne Blutvergießen gelingt, das deutsche Volk zur Aufgabe dieses Geistes zu bewegen -- umso besser; aber er mnß aufgegeben werden."

Wenn das deutsche Volk wirklich Frieden will, muß es dem Nazi System ein Ende machen!

Nur dann findet

Europa Frieden und Wohlstand!

Warum hat Goebbels den Sinn der Chamberlain-Rede bewusst entstellt? 262

[6] **Noch sind sie Freunde**

Herkunft: Frankreich Januar 1940

Nieder mit dem Bolschewismus!

So hieß es Jahrzehnte lang. Hitler war geradezu der **Kreuzritter** im Kampfe gegen den Kommunismus.

Heute bleibt vom **Kreuzritter** nur übrig ein **Ritter,** der **zu Kreuze kriecht,** zu Kreuze vor Moskau.

Der Russenpakt sollte eine **bloße Drohung** sein, um Frankreich und England gefügig zu machen. Sie blieben fest. Und Hitler ist **in der eigenen Schlinge gefangen**! Schon steckte Rußland die **Hälfte Polens** und die **Baltenländer** ein. Es greift jetzt auf Deutschland über.

Was wird aus **Finnland**?

Hindenburg schlug die Russen zurück.

Hitler ließ sie ein!

Wenden!

Wer die Sowjets ruft, bekommt die Komintern ins Land.

Diese Zeichnung von **Karl Arnold** ist dem in München erscheinenden Simplizissimus vom 25. Juni 1939 (Nr. 25) entnommen. Man sieht, wie die „Roten" aus einem hölzernen Pferd in London herausklettern. Hitler beschuldigte nämlich damals England, sich dem „bolschewistischen Erbfeind" ausliefern zu wollen. Wie kam es in Wirklichkeit...?!

Statt London — Berlin!

Wenden!

Herkunft: Frankreich

Februar 1940

SIEHE: **KNAURS LEXIKON**

TH. KNAUR NACHF. VERLAG BERLIN 1939

Spalte 169

Bölsche

Bölsche, Wilh., naturwiss. Schriftst., *1861; *Liebesleben in d. Natur.*

Bolschewismus (russ. bolsche=mehr), Bez. der kommunist., weltrevolut. Massenbewegung der in Sowjetrußland mit Hilfe der marxist. Klassenkampfideologie unter brutalstem Terror errichteten Gewaltherrschaft der jüdisch-asiat. Nomadenrassen. Weltanschauliche Grundlage ist die internat. materialist. Revolutions- und Erlösungslehre („Arbeiterparadies" im marxist. Zukunftsstaat) d. ↪ Marxismus m. d. kulturzerstörenden Kampfparole der Errichtg einer „Weltdiktatur des Proletariats" (in Wahrheit des Untermenschentums) unter Ausrottung von Intelligenz, Adel u. Bürgertum (die in Rußld seit 1917 zur Vernichtg d. nordisch-europ. kultur- und staatsbildenden Herrenschicht führte). Der alle Werte von Volk, Rasse und Persönlichk. verneinende „klassenlose" Gewaltstaat ist in den Händen d. zahlenmäßig kleinen (von einer zu 80% jüd. Clique beherrschten) bolschew. Partei Instrument f. d. Ziel der ↪ Komintern: planmäß. Vorbereitung d. Weltrevolution mit allen Mitteln. Ihr dient bes. auch die imperialist. aggressive Sowjetaußenpolitik (Zusammenarbeit mit d. „antifaschistischen" demokrat.-marxist. Volksfronten usw.) wie die Riesenrüstg d. Roten Armee. Nach Zerschlagung d. Privatbesitzes verstaatlichte Kollektiv-Zwangswirtschaft. Zur Aufrechterhaltung des von dauernden Machtkämpfen erschütterten Willkürregiments Polizei- u. Spitzelsystem (↪ GPU; Schauprozesse), dem allein 1918—26 etwa 2 Mill. Menschen zum Opfer fielen. B. kämpft gegen Religion (Gottlosenbewegung) u. Kultur, Familie u. Persönlichkeit. Geschichtl. Entwicklg d. B. ↪ Rußland.

Bolschewisten (*Bolschewiki*; russ. auch „Maximalisten"), „Mehrheitspartei" (Gegensatz ↪ Menschewiki), Anhänger d. extremen ↪ Kommunismus.

...lton [*...ltn*], St. in d. engl. Gfschft Lancaste...

Bologna, schiefe Türme

Bo... füllt, auch ↪ ... flasche

Bomben... Heizwert... stoffen.

Bömer, ... Auslandspr... gationsrat, Amt der N...

Bon [frz., ... Waren oder ...

Bona, frz. *Bo...* in Algerien, 8... 1914 v. dtsch. ...

Bona fides eine Rechtser... erwerb v. N... sitzung (§ ...

Bonaparte zu Ajacci... („Madam... 1836); *P...* 1808 v. ... Innern, ...

— **Lud...** dankte ... liche K... (1784—... Lustik... v. Tosk... Genera... **Karol...**

Bona...

Bona...

Bon... laut ...

B...

Wenden!

Herkunft: Deutschland Anfang 1940

[9] Die vierte polnische Teilung

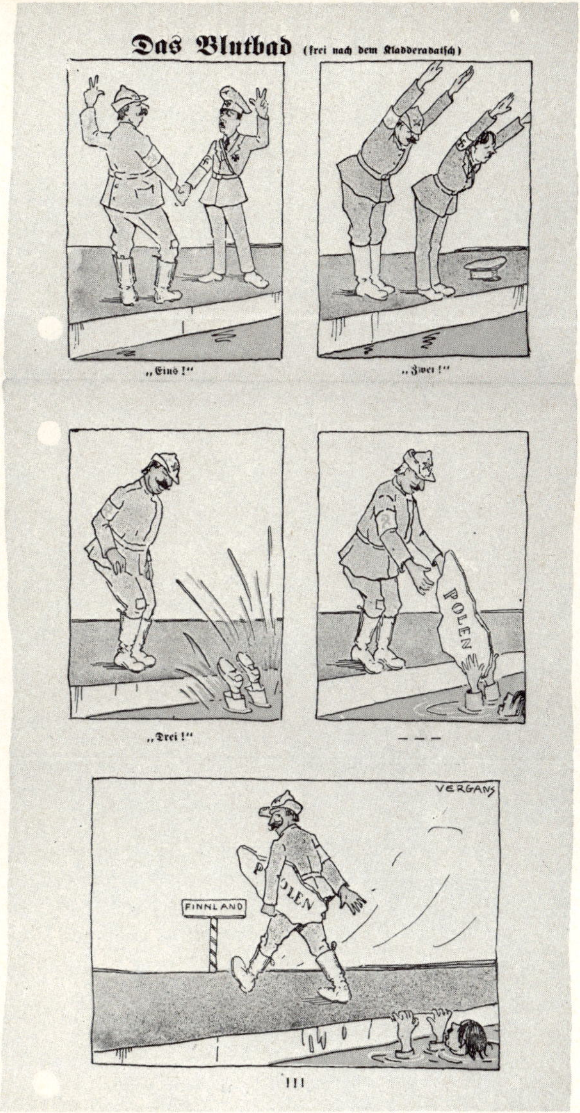

Herkunft: Frankreich März 1940

Herkunft: Deutschland März 1940

GESTAPOLEN

„Denn ihr pflüget Böses und erntet Übeltat und esset Lügenfrüchte Weil du dich verlässest auf dein Wesen und auf die Menge deiner Helden, so soll sich ein Getümmel erheben in deinem Volk, daß alle deine Festen zerstört werden."

Hosea, 10. Kapitel, Vers 13/14.

"Das Schicksal der Polen wird hart aber gerecht sein."

GAULEITER GREISER

Das Schicksal des polnischen Volkes ist ein Terror der Gestapo und SS-Verfügungstruppe von unvorstellbarer Brutalität, die die ganze Welt mit Entsetzen erfüllt.

Authentische Berichte wurden zum ersten Mal durch den Rundfunk des Vatikans bekanntgegeben. Nach den Berichten, die dem diplomatischen Korps des Vatikans zugingen, wurden bisher nicht weniger als fünfzehntausend Polen aller Schichten hingemordet.

Ganz Polen liegt verwüstet. Warschau, das vor dem Kriege eine Bevölkerung von 1 200 000 hatte, und während der Belagerung 170 000 Menschen verlor, hat jetzt durch den Zustrom obdachloser Flüchtlinge eine Bevölkerung von 1 500 000. Und in Warschau—wie in anderen Städten Polens—herrscht Hungersnot.

Nazi-Gerechtigkeit ......

Radio Vatikan über Polen

"Zahllose polnische Familien sind in dem von den Deutschen besetzten Westpolen auseinander gerissen worden. Die Väter sind im Gefängnis, die Kinder zur Zwangsarbeit nach Deutschland verschickt und die Mütter nach Zentralpolen deportiert worden ......"

"Innerhalb von Minuten wurden polnische Bürger gezwungen, ihre Häuser und alles Hab und Gut im Stiche zu lassen und in Viehwagen nach unbekannten Bestimmungsorten abtransportiert ......"

"Diejenigen, die aus den Massen-Konzentrationslagern 'befreit' wurden, sind zu völlig mittellosen Bettlern geworden—dem Hungertod und Elend preisgegeben ......"

All das im Namen des

ANNEKTIONSWAHN.

331

Herkunft: England März 1940

[11/2]

GESTAPOLEN
" Sie verwüsten ganze Länder und nennen es Frieden "
Ist das der Lebensraum,
für den Ihr kämpft?

März 1939:

Hitler rückt in Prag ein.

Sein Vorwand: einen bolschewistischen Brandherd an der Donau kann er nicht dulden.

September 1939:

Hitler überrumpelt Polen. Durch Verrat an seinen eigenen antibolschewistischen Lehren erkauft er sich Rußlands Einwilligung.

Der Kaufpreis: Die Hälfte Polens und die Baltenländer kommen an Rußland.

Wenden!

Herkunft: Frankreich — März 1940

Der bolschewistische Brandherd ist an die Tore Ostpreußens herangerückt. Und Hitler heißt sein Wegbereiter!

Wo bleibt da die Konsequenz?

Und wo bleibt die Ehre?

OPROP!

Til Danmarks Soldater og Danmarks Folk!

Uten Grund og imot den tyske Regjerings og det tyske Folks oprigtige Ønske, om at leve i Fred og Venskab med det engelske og det franske Folk, har Englands og Frankrigets Magthavere ifjor i September erklæret Tyskland Krigen.

Deres Hensigt var og blir, efter Mulighet, at treffe Afgjørelser paa Krigsskuepladser som ligger mere afsides og derfor er mindre farlige for Frankriget og England, i det Haab, at det ikke vilde være mulig for Tyskland, at kunde optræde stærkt nok imot dem.

Af denne Grund har England blandt andet stadig krænket Danmarks og Norges Nøitralitæt og deres territoriale Farvand.

Det forsøkte stadig at gjøre Skandinavien til Krigsskueplads. Da en yderlig Anledning ikke synes at være givet efter den russisk-finnske Fredsslutning, har man nu officielt erklæret og truet, ikke mere at taale den tyske Handelsflaates Seilads indenfor danske Territorialfarvand ved Nordsjøen og i de norske Farvand. Man erklærte selv at vilde overta Politiopsigten der. Man har tilslut truffet alle Forberedelser for overraskende at ta Besiddelse af alle nødvendige Støtepunkter ved Norges Kyst. Aarhundredes største Krigsdriver, den allerede i den første Verdenskrig til Ulykke for hele Menneskeheden arbeidende Churchill, uttalte det aapent, at han ikke var villig til at la sig holde tilbake af »legale Afgjørelser eller nøitrale Rettigheder som staar paa Papirlapper«.

Han har forberedt Slaget mot den danske og den norske Kyst. For nogen Dager siden er han blit utnævnt til foransvarlig Chef for hele den britiske Krigsføring.

4a

Herkunft: Deutschland

April 1940

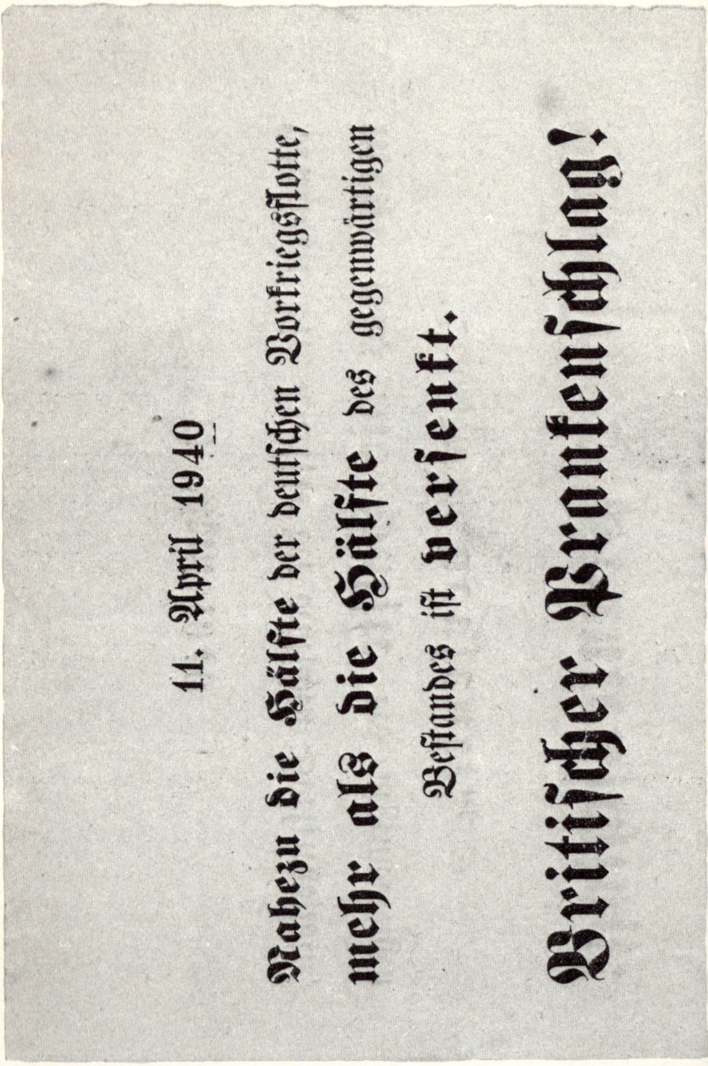

11. April 1940

Nahezu die Hälfte der deutschen Vorkriegsflotte,
mehr als die Hälfte des gegenwärtigen
Bestandes ist versenkt.

Britischer Prankenschlag!

Herkunft: Frankreich

April 1940

Das norwegische Abenteuer — ungeschminkt!

Ein neutrales skandinavisches Volk ist von Hitler in den Krieg gestürzt worden. Das scheint Euch unwichtig —

Aber denkt daran, daß die norwegischen Küstengewässer — der letzte Schleichweg Eures sterbenden Überseehandels — der Weg, durch den die Bremen entwischen konnte — endgültig abgeriegelt sind.

Die deutsche Kriegsflotte, die schon ohnehin schwach genug war, geriet in den Schußbereich der überlegenen alliierten Flotte und wurde natürlich ganz übel zusammengeschossen.

Die neue 1000-km lange Front, die Euch Hitlers Abenteuer beschert hat, ist erbarmungslos allen Angriffen ausgesetzt, die die Alliierten mit ihren stärkeren Kräften und ihren besseren Stellungen unternehmen.

Tausende junger Deutscher von Hitlers Himmelfahrtskommando sind schon in den eiskalten Fluten des Kattegats jämmerlich ertrunken.

WER KURS AUF NORWEGEN NIMMT, FÄHRT IN DEN TOD

366

Herkunft: England April 1940

Wir danken Eurem Führer!

Wir wissen nicht, ob Raeder und Brauchitsch über die skandinavischen Eroberungspläne, die der „erste Soldat des Reiches" ausgeheckt hat, sehr begeistert waren.

Wir glauben nicht, daß erfahrene und verantwortungsbewußte Generäle und Seeleute dieses Abenteuer haben gutheißen können.

Wir wissen, daß man Norwegen nur halten kann, wenn man die Nordsee beherrscht, und zwar nicht nur mit dem Maul, sondern mit der Flotte und mit der Luftwaffe.

Wir glauben, daß es in Deutschland eine ganze Menge Leute gibt, die das genau so gut wissen wie wir.

Die ganze Welt sieht in dem Überfall auf Norwegen nicht nur ein weiteres Beweisstück für die ruchlose „Gewalt-vor-Recht-Politik" Eures Führers, sondern hält ihn sogar

für einen politisch-militärischen

Fehlgriff.

Gefunden bei [illegible] am 19. 4. 40

[16] »Sitzkrieg« im Westen

Que vous seriez heureux
en ce beau mois de Mai,
Sous le signe de cette
charmante fleur —
Sans votre gouvernement
de malheur
Et cette guerre anglaise,
dont vous payez les frais

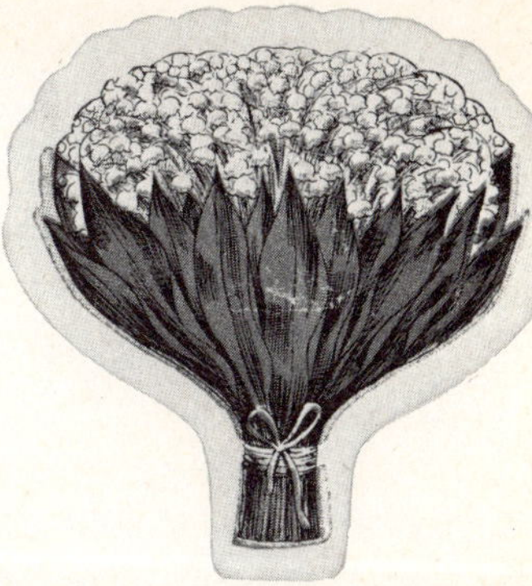

Herkunft: Deutschland Mai 1940

[17] »Sitzkrieg« im Westen

O Straßburg, o Straßburg, du wunderschöne Stadt,
Die man von uns Bewohnern zwangsweis „befreiet“ hat.
„Befreiet“, „befreiet“, und dann dahin gebracht,
Allwo die Füchse Frankreichs sich sagen gute Nacht.
In Scheunen, in Ställen erhielten wir Quartier,
Als ungebetene Gäste, wie's Vieh und Hausgetier.
Verlassen, verlassen, es darf ja nimmer sein,
Nach Straßburg, ja nach Straßburg, wir wollen wieder heim!

Wer so wie mer Daa ues un in im Maginot sim Grave huckt,
Wer elend, krank, evakuiert ins Heimatländel will zeruck,
Dem hängt zuem Hals erüs des Gschmeiß, wo noch vun
Gloire zu fasle weiß.
Was gehn denn uns d' Polacke an un ähnlichs Pack üs 'm Oschte?
Mer welle nix wie Fredde han, sell 's England ruehig ebbs koschte!
Han d' Schwowe ebbs von uns gewellt? E Lejer der, wü
des verzehlt!
Hesch 's heere kenne bal jede Daa: Met Frankrich welle se e Vertraa.
Daß zwesche Mosel un em Rhin Krej esch met sine Schrecke,
Het numme Schuld d'r Tschemberlin; drum sell er bal verrecke,
Un met em's ganz Gesochs, wü horicht uf dene Ochs.

Herkunft Deutschland Mai 1940

Camarades français!

Chaque heure de résistance inutile augmentera vos pertes.

Pour qui combattez-vous?

Il vaut mieux

vivre pour la France

que mourir pour l'Angleterre. Rendez-vous aux troupes allemandes, vous serez bien traités.

Cessez le feu!

Herkunft: Deutschland — Mai 1940

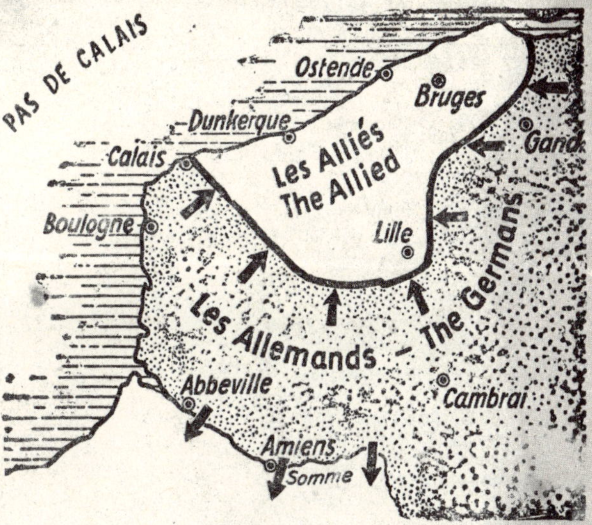

Camarades!

Telle est la situation!
En tout cas, la guerre est finie pour vous!
Vos chefs vont s'enfuir par avion
A bas les armes!

British Soldiers!

Look at this map: it gives your true situation!
Your troops are entirely surrounded —
stop fighting!
Put down your arms!

Herkunft: Deutschland | Mai 1940

Vlaamsche

Soldaten!

Elk uur van nutteloozen weerstand kost vreeselijke verliezen.

Vecht ge voor de Franschen, die nooit uwe vrienden waren?

Neen!

Voor de Engelschen, die op hun laffe vlucht naar Kales uwe steden en dorpen uitplunderden?

Neen!

Wilt ge zooals in den wereldoorlog in de voorste rij voor anderen verbloeden?

Neen!

Houdt op met schieten!

Geeft u over!

Redt u voor uw land en uw gezin. Ge zult goed behandeld worden! Dan redt ge ook Vlaanderen van de verschrikkingen van den oorlog.

Alles voor Vlaanderen!

Herkunft: Deutschland — Mai 1940

Commando van het Belgisch Leger
GROOT HOOFDKWARTIER
STAF
1ste Sectie
Nr. 148/49

Groot Hoofdkwartier,
28 Mei 1940

Soldaten,

Geheel onverhoeds werd U een ontzeggelijk harde oorlog opgedrongen, doch manmoedig hebt gij gestreden om het nationaal grondgebied voet voor voet te verdedigen.

Uitgeput door een onafgebroken strijd tegen een vijand, machtiger in aantal en sterker door zijn uitrusting, zien wij ons tot de overgave gedwongen.

De Geschiedenis zal bewijzen dat het Leger zijn plicht tot het uiterste heeft vervuld. Onze eer blijft onbevlekt.

Deze harde gevechten en deze slapelooze nachten kunnen niet vruchteloos zijn geweest. Ik beveel U aan, U niet te laten ontmoedigen, doch U waardig te gedragen. Moge uwe houding en uwe tucht de hoogschatting van de wereld blijven verdienen.

Ik verlaat U niet in den tegenspoed, die ons pijnlijk heeft getroffen; ik houd eraan te waken over uw lot en dit uwer familiën. Morgen zullen wij aan het werk gaan met den rotsvasten wil het Vaderland uit zijn puinen te doen herrijzen.

LEOPOLD

Herkunft: Belgien — Mai 1940

[21/2]

Commandement de l'Armée Belge
GRAND QUARTIER GÉNÉRAL
ETAT-MAJOR
1ère Section
N° 148/49

Au G. Q. G., le 28 mai 1940

Soldats,

Précipités à l'improviste dans une guerre d'une violence inouïe, vous vous êtes battus courageusement pour défendre pied à pied le territoire national.

Epuisés par une lutte ininterrompue contre un ennemi très supérieur en nombre et en matériel, nous nous trouvons acculés à la reddition.

L'Histoire dira que l'Armée a fait tout son devoir. Notre honneur est sauf.

Ces rudes combats et ces nuits sans sommeil ne peuvent pas avoir été vains. Je vous recommande de ne pas vous décourager, mais de vous comporter avec dignité. Que votre attitude et votre discipline continuent à mériter l'estime de l'étranger.

Je ne vous quitte pas dans l'infortune qui vous accable : je tiens à veiller sur votre sort et sur celui de vos familles.

Demain, nous nous mettrons au travail avec la ferme volonté de relever la Patrie de ses ruines.

LEOPOLD

Soldats de France!

La situation est désespérée. Vos chefs militaires le savent et réclament la paix immédiate. Mais le gouvernement fuyard veut continuer la lutte pour l'Angleterre.

Mettez fin à cette folie sanglante! Sauvez votre vie, la France en aura besoin.

A bas les armes!

Montrez les drapeaux blancs!

Herkunft: Deutschland Juni 1940

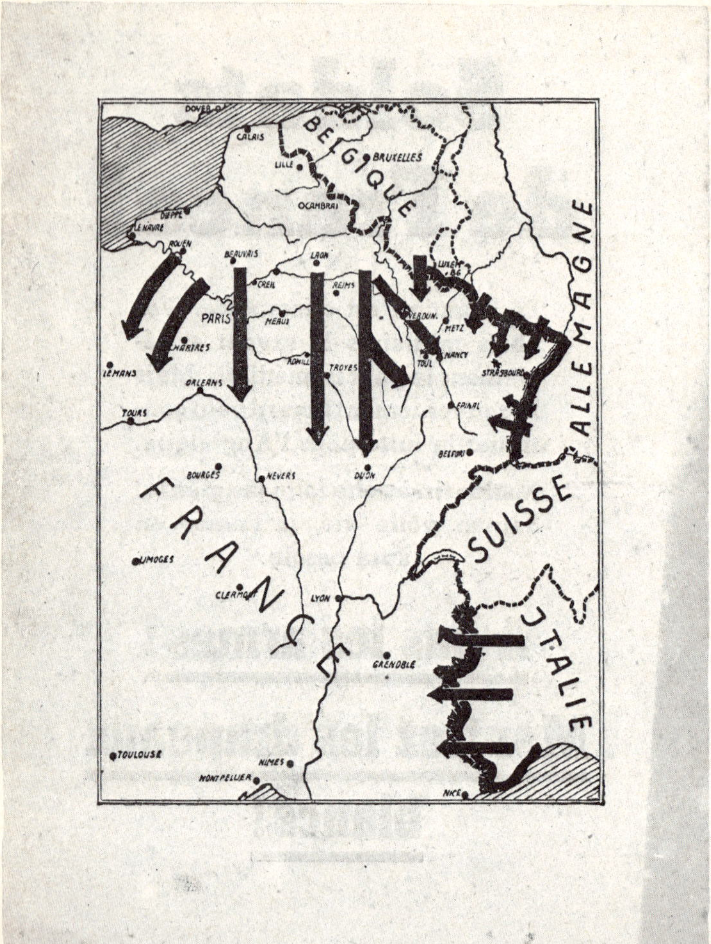
DOVER
BELGIQUE
CALAIS
LILLE
BRUXELLES
CAMBRAI
DIEPPE
LE HAVRE
ROUEN
BEAUVAIS
LAON
CREIL
REIMS
PARIS
MEAUX
VERDUN
METZ
NANCY
TOUL
TROYES
LE MANS
ORLEANS
STRASBOURG
EPINAL
TOURS
BELFORT
BOURGES
NEVERS
DIJON
ALLEMAGNE
FRANCE
SUISSE
LIMOGES
LYON
GRENOBLE
ITALIE
TOULOUSE
NIMES
MONTPELLIER
NICE

BERLINER! Habt Ihr's jetzt begriffen?

Berliner! Habt Ihr den Verstand verloren? Wenn sie Euch erzählen, dass jetzt nur noch England allein den Achsenvölkern gegenübersteht, 47 Millionen gegen 200 Millionen, glaubt Ihr das? Habt Ihr vergessen, dass es ein britisches Weltreich gibt, in dem 492 Millionen gegen Hitler geeinigt sind? Habt Ihr vergessen, dass von den 200 Millionen Sklaven Hitlers mindestens 80 Millionen besiegte Völker sind, die ihre Unterdrücker hassen und auf ihre Stunde warten; und 44 Millionen sind nur Italiener?! Habt Ihr vergessen, dass die ganze industrielle und landwirtschaftliche Produktion Nord- und Südamerikas gegen Euch mobilisiert wird?

Nein, Berliner, Goebbels sagt nicht immer die Wahrheit. Und wenn er Euch sagt, dass England machtlos, ausgehungert, verängstigt ist und in ein paar Tagen erobert werden wird, glaubt Ihr das auch? Habt Ihr vergessen, dass die britische Kriegsflotte mächtiger ist, als alle übrigen europäischen Flotten zusammen? Habt Ihr unsere Luftwaffe vergessen, die in Deutschland herumfliegt, wie es ihr passt und im Juli allein 37 000 Bomben auf militärische Ziele an der Ruhr und im Rheinland abgeworfen hat? Die Bomben, die mit diesen Flugblättern zusammen abgeworfen wurden, sagen Euch —

der Krieg, den Hitler anfing, geht weiter!

Jawohl, Berliner! Erst einmal müsst Ihr nähmlich uns besiegen. Und wenn Ihr hofft, das durch die Luftblockade schaffen zu können, dann überlegt Euch das lieber zweimal; denn die scheint nicht zu funktionieren. Beinahe ein Jahr lang haben sich Göring und Raeder angestrengt, und unsere Kriegsflotte, unsere Handelsflotte, unsere Luftwaffe und unsere Lebensmittelvorräte in England sind alle viel grösser als im letzten September.

Was nun den Versuch eines Einfalles in England angeht, so glauben wir kaum, dass Hitler dazu dumm genug ist. Grossbritannien ist nicht Norwegen. Der Versuch würde das Ende des Krieges — und das Ende von Hitlers Macht bedeuten.

Nein! der Krieg wird anders ausgehen. Dieser lange Krieg — der 1933 anfing, denn Krieg ist die einzige Aufgabe der nationalsozialistischen Diktatur — wird nicht aufhören, wenn Hitler es mag. **Wann und wie dieser Krieg aufhört, das bestimmen wir — und mit uns die ganze Welt!**

Denn Hitler hat sich verrechnet. Auf seine militärische Macht und die Brutalität der Gestapo gestützt, erwartet er von der Welt, dass sie ihn bewundern soll, den grossen „Eroberer". Aber sie verabscheut ihn. Die nationalsozialistische Diktatur muss untergehen, denn die ganze Aussenwelt ist ihm feindlich, und immer mehr brennt der Hass der Millionen unter seinem Joch.

Volk von Berlin! Früher warst Du einmal als das „hellste" bekannt. Früher wusstest Du, wie Du Deine Meinung durchsetzen konntest. Vielleicht kannst Du nachdenken und herausfinden, wie Du bei Deutschlands Errettung helfen kannst. Im kommenden Kriegswinter aber, und wenn es sein muss noch in vielen Kriegswintern — wirst Du merken, dass wir Recht behalten haben, wenn wir jetzt sagen:

Der Krieg dauert so lange wie Hitlers Regime!

424

Herkunft: England — August 1940

Tatsachen

DIE DER GANZEN WELT BEKANNT SIND

„Luftblockade" zwecklos—
Im Juni-Juli 1940 war Gesamttonnage in britischen Häfen einlaufender Schiffe grösser als im Juni-Juli 1939! Gesamttonnage der britischen Handelsflotte gegenwärtig um 7 000 000 Tonnen grösser als am 3. September 1939.

—und teuer :
Seit Mitte Juni wurden über Englands Küste über 450 deutsche Flugzeuge abgeschossen; Verlust an Personal . . .?! Viel mehr Flugzeuge beschädigt und z.T. wahrscheinlich vernichtet.
Beim Angriff auf einen Geleitzug am 8. August musste die deutsche Luftwaffe 400 Maschinen einsetzen, um insgesamt 2 kleine Schiffe versenken zu können. Verluste der Luftwaffe: 60 Maschinen; die der Royal Air Force: 16 Maschinen. Durchschnittsverhältnis der deutschen zu britischen Verlusten seit 18. Juni: 5 : 1. In den deutschen OKW-Bekanntgaben wird dieses Verhältnis systematisch umgekehrt.

„Keine einzige Bombe . . ." (Göring)

Britische Bomben auf Deutschland:
37 000 in einem Monat.
Deutsche Bomben auf England:
7 000 im gleichen Monat.
Fortgesetzte englische Luftangriffe auf militärische Objekte in Wismar, Kassel, Bremen, Göttingen, Rotenburg, Hamburg, Rheinberg, Kamen, Bottrop, Kastrop-Rauxel, Gelsenkirchen, Dortmund, Wanne-Eickel, Gotha, Hamm, Soest, Essen, Gladbach, Duisburg, Ickern, Sterkrade, Paderborn, Diepholz, Osnabrück; Dortmund-Ems-Kanal zerstört; 31 Flugplätze mit schweren Bomben belegt. Und nun — auch Berlin!

Die Macht des britischen Weltreichs
Starke Truppenkontingente in England aus Kanada, Australien, Neuseeland, Indien; weitere Kontingente im Nahen Osten. Ununterbrochener Transport neuer Truppen. Kein einziger Mann verloren während des Transports.
KANADA: verdoppelt Erzeugung von Bren-MG's; schickt regelmässig Bomber über den Atlantik; liefert in Kanada erzeugte Hurricane-Geschwader mit komplettem Personal; baut eigene Kriegsschiffe. Erzeugt Tanks und Panzerwagen.
INDIEN: Stahl- und Waffenerzeugung gesteigert.
SÜDAFRIKA: ist vollwertiger Kriegsteilnehmer in Ostafrika, insbesondere hinsichtlich Luftwaffe.

Seemacht
Die Ergänzungen der britischen Flotte sind viel grösser als ihre Verluste. Die Flotte ist heute viel stärker als in September 1939 und der Aufgabe der kontinentalen Blockade völlig gewachsen. Sie ist stärker als sämtliche europäischen Kriegsmarinen zusammen.

USA
Öffentliche Meinung zu 88 % für Rüstung gegen Hitler um jeden Preis. Gesetz über Stellungspflicht (der 21—31jährigen) im Heeresausschuss des Senats mit 12 gegen 3 Stimmen genehmigt. Zeitungskönig Hearst, früher gegen jede Einmischung, kündigt an: USA mit England im Krieg gegen Hitler. In sechs Monaten, sagt früherer USA-Botschafter in Berlin, Gerard. USA-Finanzminister verspricht: in Zukunft noch 3 000 Flugzeuge monatlich mehr für England. Roosevelt verbietet Ausfuhr von Alteisen und Spezialflugbenzin. Massnahme richtet sich gegen Deutschland, Italien und Japan. England bezieht Benzin aus anderen Quellen.

Fünfzig Zerstörer für England!
USA-General Pershing fordert sofortige Übergabe von 50 amerikanischen Zerstörern an England. Öffentliche Meinung bejubelt Forderung. Zeitungen nennen Pershing „U.S.A. Volksheld".

Pan-Amerika
Beschluss der Panamerikanischen Konferenz von 21 Republiken in Havanna: Keine Gebietsteile der westlichen Hemisphäre dürfen aus dem Besitz eines der Kriegsteilnehmer in den eines anderen gelangen; d.h.: Deutschland wird die französischen, holländischen und dänischen Kolonien nicht kriegen.

Heil Makkaroni!
Kostprobe vom Krieg für die italienische Flotte: Verlust von 18 U-Booten, 2 Zerstörern, 2 Kreuzern (darunter der „Bartolomeo Colleoni", der als schnellster der Welt galt; doch nicht schnell genug, um dem alten australischen Kreuzer „Sydney" zu entkommen).
Als die englischen Flieger militärische Anlagen in Genua bombardierten, kam es zu Panikszenen. Ähnliche Panikszenen in Triest. . . .

Deutsche Verluste in Frankreich
Erste amtliche Bekanntgabe: 150 000 Mann.
Zweite amtliche Bekanntgabe: 250 000 Mann.
Dritte amtliche Bekanntgabe: ?

Ja, sogar die Kommunisten!
Die kommunistische Presse ganz Europas veröffentlicht ein Manifest der Kommunistischen Partei Deutschlands, in dem diese das „Friedensdiktat Hitlers von Compiegne" verwirft und brandmarkt und für einen „ehrlichen und wirklichen Frieden" eintritt, der eine internationale Zusammenarbeit der Völker ermöglichen soll.

Lebensmittelknappheit
Bedrohlich schlechte Ernte in ganz Europa. Nach amerikanischen fachmännischen Schätzungen werden in diesem Winter in Europa 35 Millionen Menschen Hunger leiden. Die deutsche Presse stellte in Abrede, dass ein Hungersnot-Problem bestehe; jetzt gibt sie zu, dass das Problem wirklich besteht; doch leugnet sie, dass Hitler die europäische Lebensmittelversorgung für gesichert erklärt hat; Hitler habe lediglich Deutschland gemeint. Offenkundig beabsichtigt er die Lebensmittelvorräte sämtlicher besetzten Länder zu plündern. Vergebliches Manöver! Sumner Welles dementierte Vichy-Meldung über angebliche Verhandlungen zwischen USA-Frankreich, um England zu ersuchen, die Blockade aufzuheben. Haager Übereinkommen bestimmt, dass der Eroberer die Eroberten zu versorgen habe. An der Hungersnot ist daher nur Hitler schuld.

LONDON gibt Nachrichten in deutscher Sprache täglich
um 22.00, 23.15 und 0.15 Uhr
(373,1; 261,1; 49,59; 49,10; 41,49; 31,55 und 33,96 m);
um 6.00 Uhr und 6.30
(373,1; 49,59; 41,49 und 30,96 m);
um 14.30 und 15.30 Uhr
(49,59; 49,10; 41,49; 25,38; 25,29 m)

From the Führer's Speech

On July 19, the Führer and Chancellor Adolf Hitler addressed the German Reichstag with a speech in which he gave the German nation an account of the military operations carried out up to the present. The Führer described the German Army's wonderful achievements in Norway and on the Western Front, which in every case led to the complete rout of the enemy within a few weeks. He then dealt generally with Germany's position after ten months of the war, and stated that it was singularly favourable in view of the coming final battle with England. The German people, he said, were united as never before in their history, and would follow their leaders to the end. As far as food supplies were concerned, the war could last for any length of time. Since wide areas in Europe had by now been occupied, Germany would be able to draw on inexhaustible resources of raw materials. From now on, time would work for Germany. Germany commanded the strongest forces the world had ever seen, and was firmly resolved, side by side with allied Italy, to throw them into an attack against Britain, if this should prove necessary. In spite of Germany's overwhelming superiority and her unique strategic advantages — as opposed to the utter isolation of Britain —, the Führer once more upheld the policy of an understanding with Britain, which he has followed all these years, and again appealed to reason and common sense before starting out on a battle which, in its consequences for England, is beyond imagination.

The Führer said:

"Ever since the commencement of the National Socialist régime, two points were prominent in the programme of its foreign policy:

1. **The achievement of a real understanding and friendship with Italy,**

   and

2. **the achievement of the same relationship with England.**

You are aware, Gentlemen, that these ideals inspired me twenty years ago to the same extent as they did later. I have expressed and defended these ideas in print and in speeches on innumerable occasions, as long as I was only a member of the Opposition in the democratic Republic. As soon as the German nation entrusted me with its leadership, I immediately attempted to realize in practical form this, the oldest of the ideals of National-Socialist foreign policy.

Even today I still regret that, in spite of all my efforts, I have not succeeded in achieving that friendship with England which, as I believe, would have been a blessing for both peoples. I was not successful in spite of determined and honest efforts."

Later in his speech, the Führer said:

"In my speech on October 6, I prophesied correctly the further development of this war.

I assured you, Gentlemen, that never for one moment did I doubt in our victory.

As long as one does not insist on regarding defeat as the visible sign and guarantee of ultimate victory, I would appear to have been justified by the course which events have taken so far.

Although I was convinced of the course they would take, I nevertheless at the time held out my hand in an endeavour to reach an understanding with France and Britain.

You will remember the answer which I received. All my arguments as to the folly of continuing the struggle, and pointing to the certainty that at best there was nothing to gain, but all to lose, were either received with derision, or completely ignored. I told you at the time that on account of my peace proposals I expected even to be branded as a coward who did not want to fight on, because he could not. That is exactly what did happen.

I believe, however, that the French — of course not so much the guilty statesmen as the people — are beginning to think very differently about that 6th of October. Indescribable misery has overtaken that great country and people since that day.

I have no desire to dwell on the sufferings brought on the soldiers in this war.

Even greater is the misery caused by the unscrupulousness of those who drove millions from their homes without reason, merely in the hope of obstructing German military operations — an assumption which it is truly difficult to understand. As it turned out, the evacuation proved disastrous for Allied operations, though far more terrible for the unfortunate evacuees.

Herkunft: Deutschland — August 1940

Neither in this world nor in the next can Messrs. Churchill and Reynaud answer for the suffering they have caused by their counsels and decrees to millions of people.

All this, as I said once before, need never have happened, for even in October I asked nothing, from either France or Britain, but peace.

But the men behind the armaments industries wanted to go on with the war at all costs, and now they have got it.

I am too much of a soldier myself, not to understand the misery caused by such a development.

From Britain I now hear only a single cry — the cry not of the people but of the politicians — that the war must go on.

I do not know whether these politicians already have a correct idea of what the continuation of this struggle will be like.

They do, it is true, declare that they will carry on with the war and that, even if Great Britain should perish, they would carry on from Canada.

I can hardly believe that they mean by this that the people of Britain are to go to Canada; presumably only those gentlemen interested in the continuation of their war will go there. The people, I am afraid, will have to remain in Britain.

And the people in London will certainly regard the war with other eyes than their so-called leaders in Canada.

Believe me, Gentlemen, I feel a deep disgust for this type of unscrupulous politician who wrecks whole nations and states. It almost causes me pain to think that I should have been selected by Fate to deal the final blow to the structure which these men have already set tottering.

It never has been my intention to wage wars, but rather to build up a state with a new social order and the finest possible standard of culture. Every year that this war drags on is keeping me away from this work.

And the causes of this are nothing but ridiculous nonentities, as it were, Nature's political misfits, unless their corruptibility labels them as something worse.

Only a few days ago, Mr. Churchill reiterated his declaration that he wants war. Some six weeks ago he began to wage war in a field where he apparently considers himself particularly strong, namely, air-raids on the civil population, although under pretence that the raids are directed against so-called military objectives. Since the bombardment of Freiburg, these objectives are open towns, market places and villages, dwelling-houses, hospitals, schools, kindergardens and whatever else may come along.

Until now I have ordered hardly any reprisals, but that does not mean that this is, or will be, my only reply.

I know full well that our answer, which will come one day, will bring upon the people unending suffering and misery.

Of course not upon Mr. Churchill, for he, no doubt, will already be in Canada, where the money and the children of those principally interested in the war have already been sent. For millions of other people, however, great suffering will begin.

Mr. Churchill ought perhaps for once to believe me, when I prophesy that a great empire will be destroyed — an empire which it was never my intention to destroy or even to harm.

I do, however, realize that this struggle, if it continues, can end only with the complete annihilation of one or the other of the two adversaries. Mr. Churchill may believe that this will be Germany. I know that it will be Britain.

In this hour I feel it to be my duty before my own conscience to appeal once more to reason and common sense, in Great Britain as much as elsewhere. I consider myself in a position to make this appeal since I am not the vanquished begging favours, but the victor speaking in the name of reason.

I can see no reason why this war must go on.

I am grieved to think of the sacrifices which it will claim. I should like to avert them, also from my own people.

I know that millions of German men, young and old alike, are burning with the desire at last to settle accounts with the enemy, who for the second time has declared war upon us for no reason whatever. But I also know that at home there are many women and mothers, who, ready as they are to sacrifice all they have in life, are yet bound to it by their very heart strings.

Possibly Mr. Churchill will again brush aside this statement of mine by saying that it is merely born of fear and of doubt in our final victory. In that case I shall have relieved my conscience in regard to the things to come."

Herkunft: Deutschland September 1940

This gangster, who you see in his element in the picture, incites you by his example to participate in a form of warfare in which women, children and ordinary civilians shall take leading parts.

This absolutely criminal form of warfare which is forbidden by the

HAGUE CONVENTION

will be punished

according to military law

Save at least your families from the horrors of war!

Gutschein

BERECHTIGT ZUR **einmaligen**

Fahrt nach Engelland

NUR Hinfahrt! **Keine Rückfahrt!**

Die Angehörigen des deutschen Heeres, der Kriegsmarine und der Luftwaffe werden hiermit höflichst eingeladen, von diesem Gutschein Gebrauch zu machen.

Für herzlichsten Empfang und gute Unterhaltungsmusik ist vorgesorgt. Grosses Feuerwerk, freies Schwimmbad, auch Dampfbäder, sowie zahlreiche andere neuartige Veranstaltungen stehen den hochverehrten Besuchern zur Verfügung.

Infolge der äusserst freundlichen Aufnahme dürften nur sehr wenige von den verehrten Gästen wieder heimkehren.

453

Herkunft: England — Dezember 1940

The Battle of the Atlantic is being lost!

The reasons why:

1. German U-boats, German bombers and the German fleet sink and seriously damage between them every month a total of 700 000 to 1 million tons of British and allied shipping.
2. All attempts at finding a satisfactory means of defence against the German U-boats or the German bombers have failed disastrously.
3. Even President Roosevelt has openly stated that for every five ships sunk by Germany, Britain and America between them can only build two new ones. All attempts to launch a larger shipbuilding programme in America have failed.
4. Britain is no longer in a position to secure her avenues of supply. The population of Britain has to do with about half the ration that the population of Germany gets. Britain, herself, can only support 40 % of her population from her own resources in spite of the attempts made to increase the amount of land under cultivation. If the war is continued until 1942, 60 % of the population of Britain will starve!

All this means that starvation in Britain is not to be staved off. At the most it can be postponed, but whether starvation comes this year or at the beginning of next doesn't make a ha'porth of difference. Britain must starve because she is being cut off from her supplies.

Britain's losing the Battle of the Atlantic means

Britain's losing the war!

E/F/1

Herkunft: Deutschland　　Anfang 1941

„Belgrad brennt immer noch!"

so berichtete der Deutschlandsender am 9. April 1941.

Am selben Tage erklärte die jugoslavische Regierung:

„Wir geben allen Kulturnationen Kunde von den unerhörten Verbrechen, welche die deutsche Wehrmacht in dem uns aufgezwungenen Kriege begangen hat.

„Belgrad, die Hauptstadt unseres Landes, die rechtzeitig zur offenen und unverteidigten Stadt erklärt worden war, wurde von deutschen Flugzeugen — ohne Kriegserklärung — mit Bomben belegt.

„Als am Sonntag Morgen der Klang der Glocken die Gläubigen zum Gottesdienst in die Kirche rief, unternahmen deutsche Flugzeuge ein Bombardement, dessen Schrecken alle Vorstellungskraft übersteigt. Eine wahre Sintflut von Brand- und Explosivbomben verwandelte die Stadt in einen Trümmerhaufen und in Brandstätten, und in den Straßen Belgrads häuften sich die Leichen von Kindern, Frauen und Greisen.

„Niemals in der langen Märtyrergeschichte dieser Stadt sind solche Greueltaten je begangen worden — nicht einmal von den barbarischen Angreifern vergangener Zeiten. Und diese Verwüstung einer offenen und unverteidigten Stadt wurde von der Luftwaffe jener Nation verschuldet, die für sich den ersten Platz unter den Kulturvölkern beansprucht!

„Grauenhafte Szenen spielten sich ab, als die deutschen Flugzeuge mit Maschinengewehren auf Frauen und Kinder schossen, die aus den brennenden Häusern flohen. Die Wohnhäuser wurden von deutschen Bomben in Massengräber verwandelt."

Warschau, Rotterdam — und nun auch Belgrad! Diese drei Städte bezeugen, was die Welt Deutschland verdankt: die Erfindung des totalen Krieges!

Totaler Krieg gegen Schwächere tut Euch ja nicht weh,

aber

Wir schlagen zurück!

496

Herkunft: England April 1941

[28/2]

Wer Haß sät

soll nicht auf Freundschaft und Zusammenarbeit mit seinen eigenen Opfern rechnen. Hitler hat den Krieg 20 Jahre lang gepredigt, 7 Jahre lang vorbereitet und am 1. September 1939 vom Zaun gebrochen. Er wird von allen Völkern, deren Länder er überfallen und besetzt hat, aus tiefster Seele gehaßt. Er hat ja darunter nicht zu leiden. Aber gegen die deutschen Soldaten, Polizisten und Beamten, die seine Raubherrschaft in den heute unterdrückten Ländern repräsentieren, richtet sich immer mehr versteckter Haß und, oft auch schon, offene Wut.

IN FRANKREICH, das von Euch kahlgeplündert wurde, nennt man die Deutschen „Kartoffelkäfer," „Heuschrecken" und „Wanzen." Die kleinen Kinder in den Hafenstädten rufen ihnen nach „Toter Fisch" — im Gedenken an die mißglückten Invasionsversuche des letzten Herbstes; und die Bauern der Bretagne schimpfen sie „Dünger für die nächste Ernte," in Voraussicht auf die nächsten Versuche — und auch aus anderen Gründen ...

IN HOLLAND, wo allein in dem unverteidigten Rotterdam deutsche Bomber im letzten Mai 30.000 Männer, Frauen und Kinder in wenigen Minuten hinmordeten, wagt sich heute schon kein Deutscher mehr allein nachts auf die Straße. Die vielen Kanäle sind sehr tief und haben keine Gitter ... Man nennt die Deutschen dort „Leichen auf Urlaub."

IN NORWEGEN hat das deutsche Standgericht wieder 10 Patrioten hinrichten lassen. „Christbaumschmuck" nennt man dort die Deutschen, denn man will sie an die großen Tannen der norwegischen Wälder knüpfen, wenn der Tag kommt ...

IN POLEN wütet seit September 1939 der Terror der SS. Trotzdem sind allein in den letzten Wochen (nach Meldungen deutscher Blätter) 154 SS-Leute und Polizisten — darunter ein Polizeigeneral — in Kämpfen mit polnischen Freischärlern gefallen. Trotzdem setzten unsichtbare Hände schon auf Tausende von Bauernhöfen, die den Polen gestohlen wurden, den „roten Hahn" ...

Und auf diesen Grundlagen will Hitler seine „Neuordnung" aufbauen!

Es kommt der Tag der totalen Abrechnung mit Hitler und seiner Bande. Auf welcher Seite werdet Ihr dann stehen? Sollen Eure Väter, Söhne, Brüder, die heute in Hitlers Sold in fremden Ländern stehen, soll das ganze deutsche Volk dafür büssen? Denkt daran: wer Haß sät,

wird Rache ernten!

B.B.C.

Der Londoner Rundfunk

(The British Broadcasting Corporation)

hat seine Sendungen in deutscher Sprache wesentlich erweitert.

Die deutschen Hörer

finden umseitig das vollständige Verzeichnis der Sendezeiten, Wellenlängen und alles Nähere über die verschiedenen Nachrichten-, Kommentar- und Unterhaltungs-programme

Herkunft: England Mai 1941

LONDONER RUNDFUNK

Sendungen in deutscher Sprache

Zeit (Deutsche Sommerzeit)	Wellenlängen	Inhalt
6.00—6.30 6.30—7.30	49, 261, 285 und 373 Meter	*NACHRICHTEN* des Nachtdienstes und Betrachtungen zur Lage — von besonderem Interesse für die deutsche Arbeiterschaft. Musik.
11.00—11.15	31, 41, 49 und 373 Meter	Unterhaltungsprogramm.
14.00—14.30	25, 41, 49 und 373 Meter	Heute und Morgen. *NACHRICHTEN.* Kulturspiegel.
15.00—15.15	25, 41, 49 und 373 Meter	*NACHRICHTEN.* Sonderprogramm von Interesse für deutsche Frauen.
16.00—16.30	25, 41, 49 und 373 Meter	Aus der freien Welt. Unterhaltungen und Tanzmusik. Letzte Meldungen.
18.00—18.15	25, 31, 41, 49 und 373 Meter	Sendung für die deutsche Wehrmacht. Soldat spricht zu Soldat. *NACHRICHTEN.*
20.00—20.30	31, 41, 49 und 373 Meter	Spiegel der Aussenwelt. Erste *ABENDNACHRICHTEN.* Sonderprogramme.
22.00—22.20	31, 41, 49 und 261, 285 und 373 Meter	*HAUPT-NACHRICHTENSENDUNG* des Abends. Aktuelle Berichte.
23.00—23.15	31, 41, 49, 261 und 373 Meter	Sendung für Österreich, einschl. letzte *NACHRICHTEN.*
2.00—2.15	49, 261, 285 und 373 Meter	Nachtsendung für die deutsche Wehrmacht. *NACHRICHTEN.*

NEUESTE NACHRICHTEN um 6.00, 6.30, 14.00, 15.00, 18.00, 20.00, 22.20, 23.00, 2.00 Uhr.

SONDERPROGRAMME :

„Zur Lage" — Übersicht über die Ereignisse der Woche. Montags, 22.00. Dienstags, 14.00.
„Vormarsch der Freiheit" — Funkbild der Zeit. Sonnabends 22.00 ; wiederholt Sonntags 16.00.
Gute Jazz und Unterhaltungsmusik—täglich 11.00-11.15 ; Wochentags 16.00-16.30.
Kriegsgefangenenlisten werden regelmässig gebracht.

JEDE SENDUNG IST VON ALLGEMEINEM INTERESSE

Von besonderem Interesse für

Arbeiter : Täglich um 6.00, 6.30 ; Montags, Donnerstags, 20.00. Landbevölkerung : Freitags, 20.00.
Frauen : Täglich um 15.00. Soldaten : Täglich um 18.00 und 2.00.

WIR wissen, dass es in Deutschland—zum Unterschiede von Grossbritannien, den Vereinigten Staaten und anderen freien Ländern — verboten ist, ausländische Sender abzuhören. Aber

AUCH SIE KÖNNEN OHNE GEFAHR ABHÖREN !

Beachten Sie : Fenster zu ! Stellen Sie den Empfangsapparat auf ein Kissen ! Stellen Sie ihn nicht direkt an die Wand ! Stellen Sie leise ein !

Es gibt kein Geheimverfahren, mittels dessen man das Abhören ausländischer Stationen entdecken könnte !

Es kommt oft vor, dass unsere Sendungen absichtlich gestört werden. Vergessen Sie nicht, dass wir stets auf mehreren Wellenlängen senden, die niemals alle zugleich gestört werden können. Falls Sie uns auf der von Ihnen gewöhnlich benutzten Welle nicht deutlich hören können, werden Sie uns auf derjenigen finden, welche vom amtlichen deutschen Abhördienst benutzt wird !

Noch einfacher ist es, wenn Sie eine separate Rahmenantenne besitzen oder ein Gerät mit eingebauter Rahmenantenne (drehbar in der Richtung der gewünschten Station). Sie haben weiter nichts zu tun als die Rahmenantenne bezw. Ihr Gerät solange zu drehen, bis Sie unsere Übertragungen mit höchster, die störende Station aber mit geringster Lautstärke hören. Denken Sie daran, dass sich die beste Position von Zeit zu Zeit verändert.

British Broadcasting Corporation (Londoner Rundfunk)

490/A

LUFTPOST

VON DER ROYAL AIR FORCE ABGEWORFEN

No. 1, 25. MAI 1941

Hess wusste Bescheid

Er sah die Niederlage kommen

SEIT dem 10. Mai befindet sich der Stellvertreter Hitlers als Kriegsgefangener in Grossbritannien. Am späten Abend dieses Tages landete er, in einer unbewaffneten Messerschmitt-Maschine von Augsburg kommend, im südlichen Schottland.

Seither fragt sich die ganze Welt: **Warum kam er?**

Auch Ihr in Deutschland habt diese Frage gestellt, und Eure Regierung hat Euch geantwortet: Hess ist geistesgestört—Hess ist ein übergeschnappter Idealist, der sich einbildet, er könne durch seine Vermittlung England vor dem Untergang bewahren.

Manche mögen das glauben - aber die richtige Antwort auf jenes „Warum?" kennt man nur in England, nicht in Deutschland. Und wenn Hess wirklich gehofft hat, durch seine Vermittlung ein Land zu retten, dann ist dieses Land nicht England!

Allerdings kennt man bereits die Antwort auf viele Fragen, die mit der Flucht des Führer-Stellvertreters zusammenhängen. Nur in England kennt man sie, und hier allein. Niemand wird sie wahrscheinlich erfahren als die Männer, die die Führung des Krieges gegen Deutschland innehaben.

Als Hitlers Stellvertreter war Hess genau im Bilde über alles, was sich auf die Kriegspläne und Absichten der Regierung bezog. Erst vor wenigen Wochen, am 27. April, hat dies die „Essener National-Zeitung" mit folgenden Worten bestätigt:

„Es gibt keine Erscheinung unseres öffentlichen Lebens, um die sich der Stellvertreter des Führers nicht zu kümmern hat."

Und eben weil Hess Bescheid wusste über den Stand der Produktion in Deutschland, über die Schlacht um den Atlantik, über die jetzige wie die zukünftige Schlagkraft der R.A.F., über die britische Blockade, über die Gefühle der unterdrückten Völker Europas und über die Stimmung in Deutschland, eben darum war er von zwei Tatsachen überzeugt:

Erstens: Dieser Krieg wird ein langer Krieg werden.

Zweitens: Einen langen Krieg kann Deutschland nicht gewinnen.

Hess ist in England kein willkommener Gast; man kennt hier seine Vergangenheit, und man vergisst sie nicht. Aber er ist ein nützlicher Gast. Denn *Hess weiss Bescheid* . . .

Adolf Hitler und sein Stellvertreter

Im Hintergrund Generaloberst von Fritsch†

Deutsche Fallschirmtruppen in britischer Uniform

AM 20. MAI 1941 landeten auf Kreta deutsche Fallschirmjäger in britischen Uniformen, die den im April in Griechenland getöteten oder gefangenen neuseeländischen Truppen abgenommen worden waren.

AM 20. MAI 1940 hatte Göring bei einer Pressekonferenz des Luftfahrtministeriums in Berlin über den Anteil deutscher Fallschirmjäger an der Schlacht von Flandern folgendes erklärt:

„Es ist eine Infamie zu behaupten, dass Fallschirmtruppen unter Verkleidungen abgesetzt würden. Diese Truppen sind ausschliesslich in deutscher Uniform abgesprungen."

Und Göring erklärte ferner:

„Wenn also Fallschirmtruppen gefangengenommen werden, so müssen sie völkerrechtlich genau so behandelt werden wie alle andern kriegsgefangenen Soldaten."

Damit hat Göring anerkannt, dass Fallschirmjäger, die—wie dies jetzt geschehen ist—in Verkleidung abspringen, nicht nach den völkerrechtlichen Bestimmungen für kriegsgefangene Soldaten, sondern anders zu behandeln sind.

30,000 FLIEGER JÄHRLICH AUS KANADA

KANADA hat 67 Schulungslager errichtet, in denen Flieger aus allen Teilen des britischen Weltreichs ausgebildet werden. Gegenwärtig befinden sich viele Tausende in diesen Lagern in Ausbildung, die dann als hervorragend geschulte Flieger auf den östlichen und westlichen Kriegsschauplätzen eingesetzt werden sollen. Wie der kanadische Minister für Munitionserzeugung, Howe, im Januar 1941 erklärt hat, werden programmgemäss jährlich über 30.000 solche Flieger aus den Schulungslagern von Kanada hervorgehen.

Weiteres aus dem Weltreich

AUSTRALIEN hat im letzten Halbjahr die Leistungen seiner Munitionserzeugung verdreifacht.

NEUSEELAND mit seinen 1 500 000 Einwohnern hat bis jetzt 1 430 Flieger nach allen Kriegsschauplätzen geschickt.

INDISCHE TRUPPEN haben in Nordafrika in den ersten vier Tagen der britischen Dezemberoffensive 14 000 Italiener gefangengenommen; ihre eigenen Verluste beliefen sich auf 28 Tote und 80 Verwundete.

SÜDAFRIKA: 120 000 Weisse aus Südafrika stehen jetzt in Ost- und Nordafrika. Das heisst: da die Zahl der weissen Bevölkerung von Südafrika 2 000 000 beträgt, stellt Südafrika einen höheren Prozentsatz seiner Männer in den aktiven Kriegsdienst als irgendein anderes Land. Dabei sind alle diese Männer Freiwillige. (Und dennoch erzählt die deutsche Propaganda, dass Südafrika sich vom britischen Weltreich loslösen will!).

Hitler über England

„Welch ein Irrtum, zu meinen, dass England etwa persönlich zu feige wäre, für seine Wirtschaftspolitik auch das eigene Blut einzusetzen! Dass das englische Volk kein „Volksheer" besass, bewies hier in keiner Weise das Gegenteil; denn nicht auf die jeweilige militärische Form der Wehrmacht kommt es hierbei an als vielmehr auf den Willen und die Entschlossenheit, die vorhandene einzusetzen. England besass immer die Rüstung, die es eben nötig hatte. Es kämpfte immer mit den Waffen, die der Erfolg verlangte. Es schlug sich mit Söldnern, solange Söldner genügten; es griff aber auch tief hinein in das wertvolle Blut der ganzen Nation, wenn nur mehr ein solches Opfer den Sieg bringen konnte; immer aber blieb die Entschlossenheit zum Kampf und die Zähigkeit wie rücksichtslose Führung desselben die gleiche."

Adolf Hitler: (*Mein Kampf*. 44. *Auflage*, *S.*158.)

Herkunft: England

Juni 1941

Adolf Hitler
(Mein Kampf, Kap. 13)

„Das deutsche Volk ist eine Hammelherde"

Man sagte Euch, die ganze britische Flotte sei versenkt worden! Wenn die OKW-Meldungen stimmen, sind bis 16. März 1941 insgesamt 34 britische Schlachtschiffe, 13 Flugzeugträger und 102 Kreuzer vernichtet worden. Das heisst: um 19 Schlachtschiffe, um 6 Flugzeugträger und um 40 Kreuzer mehr, als England bei Beginn dieses Krieges überhaupt besass!

Man sagte Euch, Ihr müsst in diesen Krieg gehen, um Deutschland zu verteidigen! Sieben Jahre habt Ihr geschuftet, um die Kriegsmaschine aufzubauen, damit sie dann die Nachbarländer überfiel. Was Ihr jetzt in den Wüsten Afrikas und Arabiens verteidigen sollt, ist nicht Eure Heimat, sondern die Herrschsucht eines grössenwahnsinnigen Führerklüngels.

Man sagte Euch, die sogenannte „Neue Ordnung" werde Europa den Frieden bringen. Aber diese Neuordnung bedeutet ewigen Krieg. Am 14. Mai schrieb Dr. Ley im *Angriff*: „Wir sind entschlossen, die von uns eroberten Gebiete Europas so zu organisieren, dass das ganze Wirtschaftssystem einwandfrei wirksam funktionieren soll—für Deutschland." Und Gauleiter Greiser erklärte am 7. April in Wielun: „Die Deutschen sind die Herrenschichte, die Polen bleiben Knechte für ewige Zeiten." — Die Masken sind gefallen: Knechtschaft und Plünderung sind die Kriegsziele Deutschlands. Aber Europa wird nicht für ewige Zeiten ein Gefängnis für unterdrückte Völker bleiben — die Zukunft heisst: Krieg, bis Recht und Gerechtigkeit, also eine wahrhafte Ordnung hergestellt sein wird.

Man versprach Euch Sicherheit vor feindlichen Bomben. Göring erklärte am 9. August 1939 in Essen („Westdeutscher Beobachter" vom 10. VIII. 1939): „Wir werden das Ruhrgebiet auch nicht einer einzigen Bombe feindlicher Flieger aussetzen!"

Bald wird das Ruhrgebiet das Niemandsland des Luftkriegs sein! Heute schon wandern die Industriebetriebe von Westen nach Osten so schnell wie möglich. Im General-Gouvernement und im Protektorat, überall im Osten werden Fabrikgrundstücke gesucht. Die Aktien der bisher vernachlässigten ostdeutschen, tschechischen und polnischen Maschinenindustrie steigen. Das ist der neue *Drang nach Osten*, und das hat mit ihren Bomben die R.A.F. getan . . . Aber ein Blick auf diese Karte wird Euch sagen, dass auch Danzig, Wiener-Neustadt und Pilsen keine Sicherheit bieten — und wenn die deutsche Rüstungsindustrie noch so weit nach Osten wandert: die R.A.F. bleibt ihr auf den Fersen!

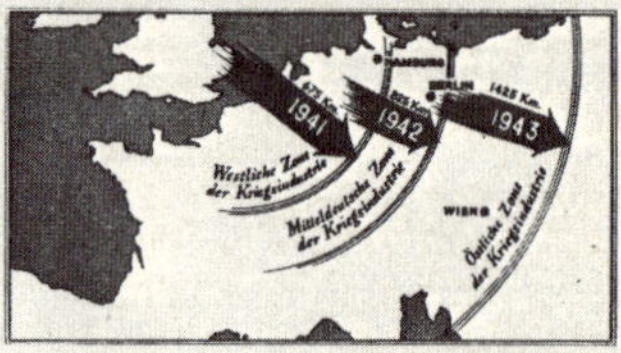

Alle diese „Führerworte" haben sich als Lug und Trug erwiesen. Einige andere werden sich ebenfalls als Falschmeldungen herausstellen:

Sie versprachen Euch den Endsieg für 1941.

Sie versprachen Euch die erfolgreiche Invasion Englands.

Sie versprachen Euch (genau so wie 1917): „Die amerikanische Hilfe kommt zu spät!"

Selbst Goebbels sagt einmal die Wahrheit

LEST, was er in seiner Rundfunkrede vom 11. Mai den deutschen Seeleuten in aller Welt und ihren Frauen und Familien in der Heimat gesagt hat:

„Ich weiss, dass in dieser Stunde ungezählte deutsche Männer, durch Monate und manchmal durch Jahre von uns, ihren Frauen, ihren Familien, ihrem Lande und ihrem Volke getrennt, draussen in den Häfen und in den Küstenstädten in aller Welt sitzen und sehnsüchtig an ihre Heimat denken.

„Ich weiss auch, dass sie in diesen schweren Wochen und Monaten manchmal die bange Frage beschleicht, ob das schwere Opfer, das sie bringen und bringen müssen, sich überhaupt lohnt.

„Ihr Frauen habt kein leichtes Leben. Ihr kommt aus Städten, die am meisten von englischen Luftangriffen heimgesucht werden, und ich weiss, wieviele erhöhte Opfer die Menschen in solchen Städten, Menschen in nicht luftbedrohten Städten gegenüber, zu bringen haben. Und ich grüsse Euch, deutsche Seeleute in aller Welt . . . . Wochen und Monate sind vergangen. Ich weiss nicht, wie viele Wochen noch vergehen werden, bis Ihr wieder in die Heimat zurückkehren könnt . . . . "

Ein Bild deutschen Lebens in aller Welt und daheim. Von „Wehrfreudigkeit", „Opferbereitschaft" und „Siegeszuversicht" ist nicht viel zu merken. Es klingt beinahe wie Wahrheit.

Eine Voraussage

„Die Achsenmächte werden diesen Krieg nicht gewinnen! Ich stütze mein Urteil auf die letzten und zuverlässigsten Informationen."

Franklin Delano Roosevelt
im Frühling 1941.

Zehn norwegischen Freiheitskämpfern zum ewigen Gedächtnis

Helge Børseth, Kaufmann
Sigmund Bromeland, Ingenieur
Knut Gjerstad, Student
Gunnar Hellesen, Versicherungsagent
Peter Hjermervik, Schullehrer
Sigurd Jacobsen, Journalist
Gunnar Karlsen, Goldschmied
Frithjof Lund, Verleger
Christian Oftedal, Verleger
Sigmund Rasmussen, Steuermann

Von einem deutschen Kriegsgericht in Bergen zum Tode verurteilt am 24. Februar 1941.

EX OSSIBUS
ULTOR

WENN DAS DIE ENGLÄNDER TÄTEN!

WIE die „Strassburger Neuesten Nachrichten" vom 1. Mai berichten, wurde eine Elsässerin zu einer Gefängnisstrafe von 6 Wochen verurteilt, weil sie einem Kriegsgefangenen ein Stück Brot zugeworfen hatte.

„Der Neue Tag" (Prag) meldete am 5. Mai, dass der Gutsbesitzer Gottlieb Freiherr von Brandkopal und seine Tochter Alberta sich vor einem Sondergericht zu verantworten hatten. Sie waren von zwei Hausmädchen denunziert worden, dass sie einem französischen Gefangenen, der sich bei der Arbeit auf dem Gut verletzt hatte, die Wunde verbanden, dass sie einem andern als Entlohnung für eine Arbeit Zigaretten gaben, und dass sie mit den Leuten französisch sprachen. Das Urteil lautete auf 10, bezw. 2 Monate Gefängnis.

Ein Landwirt in Hofgeismar war, wie die „Kasseler Post" vom 19. April berichtet, so „ehrvergessen", dass er einem Kriegsgefangenen, der bei ihm arbeitete, ein Stück Brot schenkte. Er hatte diese undeutsche Regung mit 4 Monaten Gefängnis zu büssen.

Kein Tag vergeht in Deutschland ohne solche Greuel. Deutsche! Billigt Ihr es, dass Menschlichkeit so belohnt wird? Denkt an Eure Angehörigen in britischer Gefangenschaft!

Ist der britische Handel wirklich vernichtet?

Die britische Ausfuhr erreichte im Jahre 1940 eine Höhe im Gesamtwert von RM 8 260 000 000. Das bedeutet, da die entsprechende Ziffer im Jahre 1938 RM 9 420 000 000 betrug, einen Rückgang um etwa 12 v.H. gegenüber dem Friedensdurchschnitt. Während der ersten vier Monate des Jahres 1941 hielt sich der britische Aussenhandel auf derselben Höhe wie im Vorjahre — trotz des uneingeschränkten U-Bootkriegs und trotz der Bombenangriffe auf britische Industriestädte.

Der Wert des Kriegsmaterials, das die Vereinigten Staaten nach dem Britischen Weltreich ausführten, belief sich im Februar 1941 auf RM 160 000 000, im darauffolgenden März dagegen auf RM 246 000 000.

Dieses Blatt ist überall dort verboten, wo die Wahrheit verboten ist.

Die neue „Bezirksbombe“

SO sieht eine der neuesten englischen Bomben aus. Ihre Sprengkraft übertrifft die aller andern Bomben um das Fünffache. Ein amerikanischer Zeitungsmann, der die Versuchssprengungen mitgemacht hat, nannte sie "Bezirksbombe", weil eine einzige von dieser Sorte genügt, um ein riesiges Gebiet zu verheeren. Einige deutsche Städte—wenn auch nicht viele—haben bereits eine Kostprobe dieser neuen Bombe zu schmecken bekommen.

Oben: Ein verhältnismässig altes und kleines Kampfflugzeug des Musters „Whitley“. Die neuen britischen und amerikanischen Kampfflugzeuge, wie z.B. die des Musters „Short Stirling“, die bereits im aktiven Dienst verwandt werden, sowie die des Musters „Liberator“ haben eine doppelt so grosse Spannweite wie die „Whitley“-Maschine, und ihre Bombenlast ist um ein Vielfaches größer. Kampfflugzeuge wie „Short Stirling“ oder „Liberator“ könnten, wenn nötig, zweimal von England nach Warschau und zurück fliegen, ohne zu tanken.

Die folgende Schilderung stammt von einem Piloten der R.A.F., der die Explosion einer dieser neuen Bomben aus der Luft beobachtet hat:

„Als diese neue Bombe explodierte, schoss eine ungeheure Stichflamme empor und bildete einen roten Kranz von Feuer, etwa eine halbe Meile im Durchmesser. Eine erdbebengleiche Eruption erfolgte, die Häusermassen erhoben sich wie bei einem vulkanischen Ausbruch — es war selbst aus einer Entfernung von zehn Meilen furchtbar anzusehn. Ich habe zwar schon 31 Angriffe mitgemacht“, fügte der Pilot hinzu, „aber ich habe noch nichts gesehn, was sich mit der Wirkung dieser Bombe vergleichen liesse.“

Und die deutschen Bomber?

In ihren Nachtangriffen auf Grossbritannien erfahren sie von Woche zu Woche steigende Verluste. Die kleine Tabelle hier veranschaulicht es:

In der ersten Hälfte des Mai gingen über Grossbritannien beinahe doppelt so viele deutsche Flugzeuge bei Nacht verloren wie während des ganzen Monats April, und dreimal soviel wie im ganzen März.

ABGESCHOSSENE NACHTBOMBER	
März - - -	49
April - - -	87
1. bis 15. Mai -	141

Bevin an die deutschen Arbeiter

ERNEST BEVIN fing mit zehn Jahren an, sein Brot als Gänsehirt zu verdienen. Sein ganzes Leben hat er der englischen Arbeiterschaft gewidmet: er hat manchen Arbeitskampf und viele Streiks geführt, er war 18 Jahre lang Leiter der Transportarbeiter-Gewerkschaft, er ist der Vertrauensmann der gesamten Werktätigen Englands, und er ist heute Arbeitsminister.

Hört, was Ernest Bevin in einer besonderen Botschaft an die deutschen Arbeiter sagt:

"Es wird Zeit, dass alle Arbeiter der Welt—auch die deutschen—die Stimmung und den Kampfgeist des englischen Volkes begreifen!

Auf allen meinen Reisen und wo immer ich mit Arbeitern in Berührung komme, an ihren Werkbänken, in ihren Heimen und in Versammlungen, überall wächst ein entschlossener Wille, diesen Krieg auszufechten bis zum Sieg: und diese Bereitschaft ist grimmiger als je, seit der Krieg begann.

Wenn die Deutschen sich einbilden, dass man uns Engländer kleinkriegt mit Bangemachen, mit Brutalität und mit Bomben, dann irren sie sich! Werktätige Deutschlands, Ihr schindet Euch vergeblich für Eure Naziherrscher!

IHR KÖNNT NICHT SIEGEN!“

Die „Geistesstörung“ des Rudolf Hess—ansteckend?

Die „Ostfriesische Zeitung“ vom 11. Mai 1941 wiederholt, dass Hitler Deutschland den Endsieg für das Jahr 1941 versprochen hat, und fügt hinzu:

„Alle, die daran zweifeln, tüfteln und deuteln, sind geistesgestört!“

Und wer ist Schuld daran?

HITLER sagte am 24. Februar 1941: „Einen Vorwurf durfte man den deutschen Generälen im Weltkrieg nicht machen: den Krieg hatten sie nicht gewollt. Im Gegenteil, wenn sie den Krieg nämlich gewollt hätten, dann würden sie sich sicher anders darauf vorbereitet haben und hätten einen günstigeren Zeitpunkt gewählt.“

Und wie steht es mit Hitler? Er hat sich oft genug damit gebrüstet, dass er in 7 Jahren 90 Milliarden Reichsmark für Kriegsrüstungen verausgabt hat, — viermal so viel wie der Rüstungsaufwand Großbritanniens innerhalb desselben Zeitraums.

Massenmord

Am 1. September 1939 wurde Warschau mit Bomben belegt und am 13. Mai 1940 das unverteidigte Rotterdam, wo 30.000 Männer, Frauen und Kinder durch deutsche Bomben getötet wurden.

Sinn und Zweck dieses Massenmordes wird in den folgenden Äusserungen zweier deutscher Generäle mit brutaler Offenheit dargetan.

Nach den furchtbaren Bombenangriffen auf Belgrad, wo 12.000 Zivilpersonen hingemordet worden waren, erklärte General Quade: „Ich glaube, man kann die moralische Wirkung, die das Eingreifen der deutschen Luftwaffe gerade bei Kriegsbeginn auf die breite Masse der Bevölkerung auszulösen vermag, gar nicht hoch genug einschätzen“.

Generalfeldmarschall Kesselring schrieb am 25. April 1941: „Nach meiner Ansicht ist das Ziel des totalen Krieges durch die Luftwaffe erreicht, wenn der Widerstandwille der Zivilbevölkerung so gebrochen ist, dass eine Okkupation mehr oder weniger kampflos erfolgen kann.“

Zwei neue Panzerschiffe

Aus New-York wird gemeldet, dass das 35.000-Panzerschiff „Washington“ am 15. Mai fertiggestellt wurde, sechs Monate früher als vorgesehen war. Die Schnelligkeit dieses Schiffsbaues schlägt alle bisherigen Rekorde. Die „North Carolina“, ein Panzerschiff derselben Klasse, wurde am 9. April in Dienst gestellt.

LUFTPOST

Der Produktionskrieg

Der deutsche Vorsprung wird eingeholt

DER Krieg wird heute nicht mehr von geschickten Generälen und nicht durch tapfere Soldaten gewonnen, sondern durch die Überlegenheit der Tanks, der Flugzeuge, der Seemacht. Der moderne Krieg ist ein Produktionskrieg.

Nur aus diesem Grunde vermochte das Dritte Reich im Krieg zu Lande vorübergehend seinen gewaltigen Vorsprung zu erreichen. Deutschland besass weit mehr Panzerdivisionen und Flugzeuge als seine Gegner, da es sieben Jahre lang zum Kriege gerüstet hat, während England und Frankreich völlig auf Frieden eingestellt waren.

Damit ist es vorbei. Die vereinigten Kriegsindustrien von England und den Vereinigten Staaten (von den britischen Dominions überhaupt nicht zu reden), sind im Begriff, den deutschen Vorsprung zu überholen.

DREI INHALTSCHWERE FAKTEN

Angelsächsische Kampfgemeinschaft:	Achsenmächte:
Jahresproduktion an	
ERDÖL	
172 025 000 Tonnen	10 252 000 Tonnen
STAHL	
103 000 000 Tonnen	50 100 000 Tonnen
VERBRENNUNGSMOTOREN	
3 102 000 Motoren	421 000 Motoren

GROSSBRITANNIEN

Die Produktionsziffern der englischen Kriegsindustrie sind Kriegsgeheimnis. Nachstehende Einzelheiten sind schon bekannt gegeben worden:

FLUGZEUGE: Lord Beaverbrook, Minister für Flugzeugproduktion, erklärte am 23. April 1941: „Wir haben in diesem März zweieinhalb Mal so viele Bomber und Jäger erzeugt wie im März des Vorjahres."

TANKS: Winston Churchill erklärte am 27. April 1941: „Heute erzeugen wir allmonatlich so viel schwere Tanks, wie wir im Januar 1940 im Ganzen besassen, und Ende 1941 werden wir monatlich doppelt soviel erzeugen."

SCHIFFE: Der britische Minister für Schiffahrt, Ronald Cross, erklärte am 4. Februar 1941: „Durch die Millionen Tonnen von Schiffsraum, die wir gekapert oder durch Neubau, Ankauf, Pacht von Neutralen oder verbündeten Ländern erworben haben, sind alle unsere Verluste mehr als wettgemacht."

U.S.A.

FLUGZEUGE: Der Vorsitzende der amerikanischen Luftfahrtkammer erklärte am 30. April 1941: „Amerika erzeugt heute bereits allmonatlich 1500 Flugzeuge. In 1942 wird es 30.000 Flugzeuge erzeugen."

TANKS: Im vorigen Jahr wurde ein Auftrag auf 9.200 Tanks an amerikanische Fabriken vergeben. Es gibt heute bereits amerikanische Fabriken, die täglich je 15 und noch mehr Tanks fertigstellen können.

SCHIFFE: Präsident Roosevelt hat angeordnet, dass England sofort 2 Millionen Tonnen Schiffsraum zur Verfügung gestellt werden sollen. Darüber hinaus baut Amerika jetzt noch 400 Handelsschiffe (Gesamttonnage: 4 Millionen BRT) für England.

Weitere interessante Daten über die vereinigte anglo-amerikanische Kriegsproduktion:

STAHL: Die U.S.A. und Großbritannien erzeugen jährlich 103 Millionen Tonnen Stahl. Deutschland und Italien erzeugen 42 Millionen Tonnen. Selbst wenn man die französische Stahlerzeugung dazurechnet, die zu Friedenszeiten jährlich 7.800.000 Tonnen betrug, heute jedoch selbstverständlich viel niedriger ist, verfügt die angloamerikanische Kampfgemeinschaft noch immer über mehr als doppelt so viel.

ERDÖL: Die U.S.A., das britische Weltreich und die ihnen sonst zur Verfügung stehenden Bezugsquellen produzieren jährlich über 240 Millionen Tonnen Erdöl. Die einzige bedeutende Bezugsquelle, die Deutschland offensteht, Rumänien, produziert jährlich nicht ganz 7 Millionen Tonnen.

WERKZEUGMASCHINEN: Großbritannien und die Vereinigten Staaten erzeugen doppelt so viel Werkzeugmaschinen wie Deutschland. Unter den Metallen, die zur Produktion von Werkzeugmaschinen erforderlich sind, ist Tungsram ganz besonders wichtig. Auf das britische Weltreich und die United States entfallen insgesamt 32 v.H. der gesamten Tungsramerzeugung der Welt. Die beiden Bezugsquellen, die Deutschland noch offenstehen, Portugal und Schweden, erzeugen im ganzen nur etwa 5 v.H.

* * *

Dies sind nur einige der Gründe, die den Endsieg von Großbritannien und Amerika im Produktionskrieg unbedingt gewährleisten. Und wenn einmal der deutsche Vorsprung überholt ist, dann beginnt die Endphase dieses Krieges: Die Phase der vereinigten Luft-, See- und Landoffensive gegen Deutschland.

Amerikanisches Tempo

Gegen Ende des Jahres 1938 waren in der amerikanischen Flugzeugindustrie rund 60.000 Mann beschäftigt. Diese Zahl verdoppelte sich auf 120.000 bis Juli 1940. Und im März 1941 war sie bereits auf 226.000 gestiegen — eine Zunahme um 88 v. H. innerhalb von 8 Monaten — um künftig immer rapider und immer weiter zu wachsen.

Als der vermisste Korvettenkapitän Prien im Jahre 1939 das britische Schlachtschiff „Royal Oak" versenkte, bezeichnete Churchill, damals Erster Lord der Admiralität, diese Leistung als „eine Grosstat von höchster fachmännischer Gewandtheit und Kühnheit"

Kretschmer, Schepke — und PRIEN?

Soviel Ihr auch über die sogenannte Blockade gegen England und über den Krieg zur See zu hören bekommt — es gibt allerlei, was man Euch verschweigt: z.B. die Antwort auf die obige Frage.

Korvettenkapitän Prien und die beiden Kapitänleutnants Schepke und Kretschmer sind die einzigen U-Bootkommandanten, die bisher mit dem Eichenlaub zum Ritterkreuz ausgezeichnet wurden. Schepke ist tot, Kretschmer ist kriegsgefangen, und Prien — wo ist Prien? Lang, lang ists her, seit das OKW seinen Namen zuletzt erwähnt hat.*

Ihr bekommt auch allerhand zu hören über die von U-Booten versenkte britische Handelsflotte. Aber was aus diesen U-Booten wird, das sagt man Euch nicht. Das Marine-Ehrenmal zu Laboe bei Kiel verzeichnet 199 U-Boote, die Deutschland 1914 — 18 verloren hat. Wir in England haben guten Grund zu hoffen, dass die Zahl 199 nicht lange mehr eine Rekordzahl sein wird.

Kein einziger von jenen drei berühmtesten deutschen U-Bootkommandanten wird jemals mehr ein englisches Schiff versenken. Ihre Fahrzeuge sind verloren, und wieviele andere U-Boote mit nicht so berühmten Kommandanten hat bereits dasselbe Schicksal ereilt? So groß die Zahl der deutschen Seeleute ist, die auf Kriegsdauer in England gefangengehalten werden, weit, weit größer ist die Zahl derer, die für immer auf dem Meeresgrunde ruhen.

*Nach Blattschluss erfahren wir: OKW meldet: Prien vermisst.

LONDONER RUNDFUNK

Sendungen in deutscher Sprache:
Neueste Nachrichten täglich um 2.00, 6.00, 6.30, 11.00, 14.00, 15.00, 18.00, 20.00, 22.00, 23.00 Uhr (Deutsche Sommerzeit.)
Wellenlängen: 49 und 373 Meter, gelegentlich auch 25, 31, 41, 261 und 285 Meter.

Ein Fortschritt im deutschen Verkehrswesen

Der *Volkswagen*, für den Ihr seit Jahr und Tag vorausbezahlt, ist zwar noch immer nicht gekommen und wird wohl auch nicht kommen. Aber ärgert Euch nicht! Ihr habt dafür ein neues Verkehrsmittel erhalten: das *Führer-Flugzeug!*

Dieses Blatt ist überall dort verboten, wo die Wahrheit verboten ist.

510/i

[31/2]

Schepke
Kretschmer
Prien

Was ist aus diesen drei Offizieren geworden, den berühmtesten deutschen U-Bootkommandanten, den einzigen, welchen Hitler das Eichenlaub zum Ritterkreuz verliehen hat ?

Schepke ist tot. Das deutsche OKW musste es zugeben. Kretschmer ist kriegsgefangen. Das deutsche OKW musste es zugeben.

UND PRIEN ? Wer hat neuerdings etwas von Prien gehört ? Was hat das OKW über Prien zu sagen ?

WO IST PRIEN ?

502

Herkunft: England Mai 1941

Товарищи Красноармейцы, Командиры Красной Армии!

Жидовско-коммунистическое правительство, возглавляемое Джугашвили-Сталиным, нарушило договоры заключенные с Германией.

Дело дошло до войны!

Близорукой и преступной политикой ваших правителей вы доведены до того, что **должны проливать кров за III интернационал.**

Сталин решил, что Германия ослабела от борьбы с капиталистической и империалистической Англией и потому прибегнул к шантажу: несмотря на наличие советско-германского договора о ненападении он старался настроить Болгарию против Германии, он же мобилизовал против нее сербскую чернь. Теперь решено положить конец мошенническим затеям жидовской клики. Германским войскам приказано прогнать коммунистов, которые мучают и эксплоатируют народы СССР. Вооруженные силы Германии являются освободителями всех честных трудящихся сынов своей родины от жестокого деспотизма, от пройзвола убийц и лгунов.

Когда рухнул продажный царский режим, коммунисты обещали вам землю и свободу.

Но как они вас всех обманули!

Вместо земли они вам дали **непосильную работу,** вы стали **крепостными рабами Сталина** и его жидовских комиссаров, которым, конечно, не жалко, что вы надрываетесь в колхозах, гнетесь под тяжестью стахановщины или гибнете в концлагерях.

Передавайте из рук в руки!

Пропуск

Предявитель сего не желая бессмысленного кровопролития добровольно оставляет Красную Армию и переходит к германским властям будучи уверен, что его ожидает хорошее обращение.

(Перевод на немецкий язык на обороте)

Herkunft: Deutschland Juli 1941

[33] Der Überfall auf die UdSSR

Deutsche Soldaten!

Hitler hat unser Land überfallen. Nachträglich wagt er zu behaupten, die Sowjetregierung habe den Nichtangriffsvertrag nicht erfüllt. Das ist eine unverschämte Lüge. Niemals hat Hitler die Frage der Nichterfüllung des Vertrages vor der Sowjetregierung erhoben; darum nicht, weil die Sowjetregierung ihre Verpflichtungen ehrlich und restlos erfüllte.

Herkunft: UdSSR — Juli 1941

[34] Kommt zu uns herüber!

DEUTSCHE SOLDATEN!

Eure Kameraden kehren Hitler den Rücken und gehen zu uns über. Die Rote Arbeiter- und Bauernarmee reicht Euch die Bruderhand. Kommt zu uns herüber! Wir verbürgen uns für die Sicherheit Eures Lebens.

Herkunft: UdSSR — Juli 1941

Deutscher Kamerad! Landsmann!

Es spricht zu Dir ein deutscher Schriftsteller, dessen Stücke vor Hitlers Machtantritt an vielen deutschen Bühnen gespielt wurden. Ich brauche Dir nicht zu versichern, **daß ich Deutschland, wo ich geboren wurde und wo ich über 40 Jahre lebte und arbeitete, heiß liebe... daß ich grade deshalb aufs tiefste empört bin über die Schandtaten, zu denen Dich Hitler zwingt.**

Kamerad, Du bist vielleicht ein Mann aus dem Rheinland, wo meine Vorfahren ihre Weinberge hatten. Und nun frage ich Dich Hannes, Jupp, Pitter: was hat man in diesen letzten 2 Jahren aus Dir gemacht? Du warst vielleicht ein Weinbergsbauer, ein Arbeiter, ein Kaufmann. Plötzlich sagt Hitler zu Dir: „Der deutsche Lebensraum reicht nicht!" Er drückt Dir eine Waffe in die Hand und hetzt Dich von Osten nach Westen, von Norden nach Süden und wieder von Süden nach Osten durch die Länder Europas. Eine breite Spur von Blut und Tränen, von Not und Elend folgt Deinem Weg. Ist das etwa ein Siegeszug, dem der Haß und die Flüche der Bevölkerung, dem die Tränen der ihrer Männer beraubten Frauen folgen? **Spürst Du nicht, wie in Deinem Rücken sich eine zweite, furchtbare Front des Hasses und der Freiheitssehnsucht bildet!**

Kamerad, spürst Du nicht, was Hitler aus Dir gemacht hat? Einen Räuber hat er aus Dir gemacht! Einen Menschen, den man haßt: in Frankreich, in Belgien, in Holland, in Dänemark, in Norwegen, in Serbien, in Griechenland, in Ungarn, in Rumänien, in Polen, in England, in Amerika, in Afrika und in Australien! Warum? **Weil Hitler aus Dir — dem anständigen deutschen Arbeiter, Bauern und Kaufmann — jetzt einen brutalen Räuber gemacht hat!**

Kamerad, Du gehst jetzt schon in das 3. Jahr des „Blitzkrieges". **Doch jetzt fängt für Dich der Krieg erst richtig an!** Du hast wohl inzwischen die russischen Flieger, die russischen Tankisten und Infanteristen ein wenig kennengelernt. Und Du hast Dich vielleicht im Stillen gefragt, weshalb die russischen Soldaten wie die Löwen kämpfen? Sie verteidigen ihre geliebte Heimat, die sie in ehrlicher und harter Arbeit sich aufbauten.

Und Du, Landsmann, nun sage, was hat der russische Arbeiter und Bauer Dir getan! Deutscher Arbeiter, weshalb willst Du die Städte und Fabriken der russischen Arbeiter zerschießen? Deutscher Bauer, weshalb willst Du die russischen Felder zerstampfen? Steigt Dir nicht die Schamröte ins Gesicht, daß Du Dich von dem Bankrotteur und Räuber Hitler selbst zu einem Räuber machen läßt?

Deutscher Kamerad! Für wen willst Du hier auf den endlosen Steppen dieses Riesenlandes verbluten? Ist es Deine Frau, Dein Kind, Deine Mutter, die solches von Dir verlangt? Nein und tausendmal nein! **Hitler, dieses wahnwitzige Ungeheuer, hetzt Dich in den Tod!**

Nicht weiter auf diesem Weg, Kamerad!

Schieße nicht weiter auf Deine russischen Brüder!

Reiche ihnen die Hand!

Und Du wirst Deine Heimat wiedersehen!

FRIEDRICH WOLF

Herkunft: UdSSR 1941

PREDIGT

des Bischofs Clemens August Graf von Galen

GEHALTEN

AM 13. JULI 1941

in der

Lambertikirche

zu Münster in W.

Herkunft: England

Oktober 1941

[36/2]

DIE PREDIGT DES BI

MEINE LIEBEN KATHOLIKEN von St. Lamberti! Es war mir ein Bedürfnis, heute von der Kanzel der Stadt- und Marktkirche aus persönlich mein bischöfliches Hirtenwort zu den Ereignissen der vergangenen Woche zu verlesen und besonders auch meinen früheren Pfarrkindern meine innige Teilnahme auszusprechen. Grade in einigen Bezirken der Lambertikirche, freilich auch an anderen Stellen der Stadt, sind ja die Verwüstungen und Verluste besonders gross. Ich hoffe, dass durch das Eingreifen der zuständigen städtischen und staatlichen Stellen, besonders auch durch Eure Bruderliebe und die Ergebnisse der heutigen Kollekte für die Hilfsaktion des Karitasverbandes und der Pfarrkaritas ein Teil der Not überwunden werden wird.

Ich hatte mir vorgenommen, noch ein kurzes Wort hinzuzufügen über den Sinn der Heimsuchungen, wie Gott uns darin sucht, uns zu sich heimzuholen. Gott will Münster zu sich heimholen! Wie waren unsere Vorfahren bei Gott, in Gottes heiliger Kirche, heimisch! Wie war ihr Leben so ganz getragen vom Glauben an Gott, geführt von heiliger Furcht Gottes und von der Liebe Gottes, das öffentliche Leben wie das Familienleben und auch das gesellschaftliche Leben! War es in unseren Tagen noch immer so? Gott will Münster zu sich heimholen.

Darüber wollte ich heute noch einige Gedanken zu Euch aussprechen. Aber ich muss heute darauf verzichten, denn ich sehe mich genötigt, etwas anderes heute hier öffentlich zur Sprache zu bringen, ein erschütterndes Ereignis, das gestern zum Abschluss dieser Schreckenswoche über uns gekommen ist.

NOCH STEHT GANZ MÜNSTER unter dem Eindruck der furchtbaren Verwüstungen, die der äussere Feind und Kriegsgegner in dieser Woche uns zugefügt hat, da hat gestern zum Schluss dieser Woche, gestern am 12. Juli 1941, die geheime Staatspolizei die beiden Niederlassungen der Gesellschaft Jesu, des Jesuitenordens in unserer Stadt, Haus Sentmaring an der Weselerstrasse und das Ignatiushaus in der Königstrasse, beschlagnahmt, die Bewohner aus ihrem Eigentume vertrieben, die Patres und Brüder genötigt, unverzüglich noch am gestrigen Tage nicht nur ihre Häuser, nicht nur unsere Stadt, sondern auch die Provinz Westfalen und die Rheinprovinz zu verlassen.

Und das gleiche harte Los hat man ebenfalls gestern den Schwestern der Steinfurter Strasse bereitet. Auch ihr Haus wurde beschlagnahmt, die Schwestern sind aus Westfalen ausgewiesen und müssen Münster bis heute abend 6 Uhr verlassen. Die Ordenshäuser und Besitzungen samt Inventar wurden zugunsten der Gauleitung Westfalen-Nord enteignet.

So ist also der Klostersturm, der schon länger in der Ostmark, in Süddeutschland, in den neuerworbenen Gebieten, im Warthegau, Luxemburg, Lothringen und anderen Reichsteilen wütete, auch hier in Westfalen ausgebrochen.

Wir müssen uns darauf gefasst machen, dass in den nächsten Tagen solche Schreckensnachrichten sich häufen, wenn auch hier ein Kloster nach dem andern von der Gestapo beschlagnahmt wird und seine Bewohner, unsere Brüder und Schwestern, Kinder unserer Familien, treue deutsche Volksgenossen, wie ruchlose Heloten auf die Strasse geworfen, wie Schädlinge aus dem Lande gejagt werden, und das im Augenblicke, wo alles zittert und bebt vor neuen Nachtangriffen, die uns alle töten, einen jeden von uns zu einem heimatlosen Flüchtling machen können, da jagt man schuldlose, ja höchstverdiente, von Unzähligen geschätzte Männer und Frauen aus ihrem bescheidenen Besitze, macht man deutsche Volksgenossen, unsere münsterischen Mitbürger, zu heimatlosen Flüchtlingen.

Weshalb? Man sagt mir: aus staatspolitischen Gründen! Weitere Gründe wurden nicht angegeben. Kein Bewohner dieser Klöster ist eines Vergehens oder Verbrechens beschuldigt, vor Gericht angeklagt oder gar verurteilt! Und wäre einer schuldig, so mag man *ihn* vor Gericht stellen! Aber darf man dann auch die Schuldlosen strafen?

MEINE LIEBEN DIÖZESANEN! UM der schweren Heimsuchung willen, die durch feindliche Angriffe über uns gekommen ist, wollte ich zunächst in der Oeffentlichkeit schweigen über andere kürzlich erfolgte Massnahmen der Gestapo, die meinen öffentlichen Protest geradezu herausfordern.

Aber wenn die Gestapo keine Rücksicht nimmt auf jene Ereignisse, durch die hunderte unserer Mitbürger obdachlos geworden sind, wenn sie gerade in diesem Augenblicke fortfährt, schuldlose Mitbürger auf die Strasse zu werfen, des Landes zu verweisen, dann darf ich auch nicht mehr zögern, meinen berechtigten Protest und meine ernste Warnung öffentlich auszusprechen.

SCHON MEHRFACH UND NOCH VOR kurzer Zeit haben wir es erlebt, dass die Gestapo unbescholtene, hochangesehene deutsche Menschen ohne Gerichtsurteil und Verteidigung gefangen setzte, ihrer Freiheit beraubte, aus der Heimat auswies und irgendwo internierte. In den letzten Wochen wurden sogar zwei Mitglieder meines engsten Beirates, des Domkapitels unserer Kathedralkirche, von der Gestapo plötzlich aus ihrer Wohnung geholt, aus Münster abtransportiert und in weitentlegene Orte verbannt, die ihnen als ständiger Aufenthalt angewiesen wurden.

Auf meine Proteste beim Reichsminister habe ich dann seit den vergangenen Wochen eine

CHOFS VON MÜNSTER

Antwort überhaupt nicht erhalten. Aber soviel konnte durch telefonische Nachfrage bei der Gestapo festgestellt werden: bei keinem der Herren Domkapitulare liegt der Verdacht oder die Anklage einer strafbaren Handlung vor. Sie sind völlig ohne jede eigene Schuld, ohne Anklage und die Möglichkeit der Verteidigung durch Verbannung gestraft.

MEINE CHRISTEN! HÖRT GENAU ZU! Es ist uns amtlich bestätigt, dass den Herren Domkapitularen Vorwerk und Echelmeyer kein Vorwurf einer strafbaren Handlung gemacht wird. Sie haben nichts Strafwürdiges getan! Und dennoch sind sie mit Verbannung bestraft!

Und warum? Weil *ich* etwas getan habe, was der Reichsregierung nicht genehm war. Bei den vier Besetzungen von Domherrstellen in den letzten zwei Jahren hat die Regierung in drei Fällen mitgeteilt, dass die Ernennung nicht genehm sei. Weil nach den Bestimmungen des preussischen Konkordates von 1929 ausdrücklich ein Einspruchsrecht der Regierung ausgeschlossen ist, habe ich in zwei von den vier Fällen die Ernennung dennoch vollzogen. Man möge *mich* vor Gericht stellen, wenn man glaubt, dass ich gesetzwidrig gehandelt habe.

Ich bin sicher, kein unabhängiges deutsches Gericht wird mich wegen meines Vorgehens bei Besetzung der Domherrstellen verurteilen können.

Ist es deswegen, dass man nicht ein Gericht, sondern die Gestapo eingesetzt hat, deren Massnahmen im Deutschen Reiche einer gerichtlichen Nachprüfung leider nicht unterliegen?

Der physischen Übermacht der Gestapo steht jeder deutsche Staatsbürger völlig schutzlos und wehrlos gegenüber — völlig wehrlos und schutzlos. Das haben viele deutsche Volksgenossen im Laufe des letzten Jahres an sich erfahren, so unser lieber Religionslehrer Friedrichs, der ohne Verhandlung und Gerichtsurteil gefangengehalten wird. So die beiden Herrn Domkapitulare, die in der Verbannung weilen, so erfahren es jetzt unsere Ordensleute, die gestern und heute plötzlich aus ihrem Eigentume, aus Stadt und Land vertrieben werden.

KEINER VON UNS IST SICHER, und mag er sich bewusst sein, der treueste, gewissenhafteste Staatsbürger zu sein, mag er sich völliger Schuldlosigkeit bewusst sein, dass er nicht eines Tages aus seiner Wohnung geholt, seiner Freiheit beraubt, in den Kellern und Konzentrationslagern der Gestapo eingesperrt wird.

Ich bin mir darüber klar, das kann auch heute, das kann auch eines Tages *mir* geschehen. Weil ich dann nicht mehr öffentlich sprechen kann, darum will ich heute öffentlich sprechen, will heute öffentlich warnen vor dem Weiterschreiten auf diesem Wege, der nach meiner festen Überzeugung Gottes Strafgericht auf die Menschen herabruft und zu Unglück und Verderben für unser Volk und Vaterland führen muss.

Wenn ich wegen dieser Massnahmen und Bestrafungen der Gestapo protestiere, wenn ich öffentlich die Beseitigung dieses Zustandes und die gerichtliche Nachprüfung oder die Zurücknahme aller dieser Massnahmen der Gestapo fordere, dann tue ich nichts anderes, als was auch der Generalgouverneur Reichsminister Dr. Frank getan hat, der im Februar dieses Jahres in der Zeitschrift der „Akademie für deutsches Recht" geschrieben hat:

„Wir wollen jene solide Ausgeglichenheit der inneren Ordnung, die das Strafrecht nicht umkippen lässt in die absolute Autorität staatsanwaltlicher Verfolgungsmacht gegenüber den von vornherein verurteilten und jeglicher Verteidigungsmittel beraubten Angeklagten. Das Recht muss dem Einzelnen die legale Möglichkeit zur Verteidigung, zur Aufklärung des Tatbestandes und damit zur Sicherung vor Willkür und Unrecht bieten ... sonst sprechen wir besser nicht von Strafrecht, sondern von Strafgewalt. Es ist unmöglich, das Rechtsgebäude zugleich mit einer völlig verteidigungslosen Verdammung zu kombinieren. ... Unsere Aufgabe ist es, ebenso laut und nachdrücklich, wie andere die Autorität in jeder Form vertreten, zum Ausdrucke zu bringen, dass wir die Autorität des Rechtes als wesentlichen Bestandteil einer dauernden Macht mutig zu verteidigen haben." So schrieb der Reichsminister Dr. Hans Frank.

ICH BIN MIR BEWUSST, DASS ICH ALS Bischof, als Verkünder und Verteidiger des gottgewollten Rechtes und der Sittenordnung, die jedem einzelnen ursprüngliche Rechte und Freiheiten zuspricht, vor welchen nach Gottes Willen alle menschlichen Einsprüche haltmachen müssen, berufen bin, gleich dem Minister Frank die Autorität des Rechtes mutig zu vertreten und eine verteidigungslose Verdammung Schuldloser als himmelschreiendes Unrecht zu verurteilen.

Meine Christen! Die Gefangensetzung vieler unbescholtener Personen ohne Verteidigungsmöglichkeit und Gerichtsurteil, die Freiheitsberaubung der beiden Herren Domkapitulare, die Aufhebung der Klöster und die Ausweisung schuldloser Ordensleute, unserer Brüder und Schwestern, nötigen mich, heute öffentlich an die alte, niemals zu erschütternde Wahrheit zu erinnern: „Justitia est fundamentum regnorum", die Gerechtigkeit ist das einzige tragfeste Fundament aller Staatswesen.

Das Recht auf Leben, auf Unverletzlichkeit, auf Freiheit ist ein unentbehrlicher Teil jeder sittlichen Gemeinschaftsordnung. Wohl steht es dem Staate zu, strafweise seinen Bürgern dieses Recht zu beschränken; aber diese Befugnis hat der Staat nur gegenüber Rechtsbrechern, deren Schuld in einem unparteiischen Gerichtsverfahren nachzuweisen ist.

Der Staat, der diese von Gott gewollte Grenze

überschreitet und die Bestrafung Unschuldiger zulässt oder veranlasst, untergräbt seine eigene Autorität und die Achtung vor seiner Hoheit in den Gewissen der Staatsbürger.

Wir haben es leider in den letzten Jahren immer wieder beobachten müssen, dass mehr oder weniger schwere Strafen, meistens Freiheitsstrafen verhängt und vollzogen wurden, ohne dass den Bestraften in einem ordnungsmässigen Gerichtsverfahren eine Schuld nachgewiesen wäre, und ohne dass ihnen Gelegenheit gegeben wurde, ihr Recht zu verteidigen, ihre Schuldlosigkeit nachzuweisen.

Wie viele deutsche Menschen schmachten in Polizeihaft, in Konzentrationslagern, die aus ihrer Heimat ausgewiesen, die niemals von einem öffentlichen Gerichte verurteilt worden sind oder die, nach Freispruch vor Gericht oder nach Verbüssung der von dem Gerichte verhängten Strafe, erneut von der Gestapo gefangen genommen sind und in Haft gehalten werden! Wie viele sind aus ihrer Heimat und aus dem Orte ihrer Berufsarbeit ausgewiesen! Ich erinnere erneut an den ehrwürdigen Bischof von Rottenburg, Johannes Baptista Sproll, einen Greis von 70 Jahren, der vor kurzem sein 25 jähriges Bischofsjubiläum fern seiner Diözese feiern musste, weil ihn die Gestapo vor drei Jahren aus seinem Bistum ausgewiesen hat. Ich nenne noch einmal unsere beiden Domkapitulare, die hochw. Herren Vorwerk und Echelmeyer. Ich gedenke unseres verehrungswürdigen Religionslehrers Friedrichs, der im Konzentrationslager schmachtet. Weitere Namen zu nennen, will ich mir heute versagen.

Der Name eines evangelischen Mannes, der im Weltkrieg als deutscher Offizier und U-Bootkommandant sein Leben für Deutschland eingesetzt hat und der jetzt schon seit Jahren der Freiheit beraubt ist, ist Euch allen bekannt, und wir haben die grösste Hochachnung vor der Tapferkeit und dem Bekennermut dieses edlen deutschen Mannes.

Aus diesem Beispiele seht Ihr, meine Christen, dass es nicht ein konfessionell katholisches Anliegen ist, das ich heute öffentlich vor Euch ausspreche, wohl aber ein christliches, ja ein allgemein menschliches und nationales, religiöses Anliegen.

DIE GERECHTIGKEIT IST DAS Fundament der Staaten! Wir beklagen es, wir beachten es mit grösster Sorge, dass wir sehen, wie das Fundament heute erschüttert wird, wie die Gerechtigkeit, die natürliche und christliche Tugend, unentbehrlich für den geordneten Stand jeder menschlichen Gemeinschaft, nicht für alle unzweideutig erkennbar, gewährt und hochgehalten wird.

Nicht nur um der Rechte der Kirche willen, nicht nur um des Rechtes der menschlichen Persönlichkeit willen, sondern auch aus Liebe zu unserem Volke und in innerster Sorge um unser Vaterland erbitten wir, verlangen wir, fordern wir: „Gerechtigkeit!" Wer muss nicht fürchten für den Bestand eines Hauses, wenn er sieht, dass die Fundamente untergraben werden?

Die Gerechtigkeit ist das Fundament der Staaten! Die Staatsgewalt kann nur dann der rechtswidrigen Gewaltanwendung des zufällig Stärkeren, der Unterdrückung der Schwachen und ihrer Erniedrigung zum unwürdigen Sklavendienst mit Ehrlichkeit, unter Aussicht auf dauernden Erfolg entgegentreten, wenn auch die Inhaber staatlicher Machtmittel sich in Ehrfurcht beugen vor der königlichen Majestät der Gerechtigkeit und das strafende Schwert nur im Dienste der Gerechtigkeit gebrauchen.

JENER GEWALTHABER WIRD AUF ehrliche Gefolgschaft und den freien Dienst ehrenhafter Männer rechnen können, dessen Massnahmen und Strafverfügungen im Lichte unparteiischer Beurteilung als jeder Willkür entrückt und mit der unbestechlichen Wage der Gerechtigkeit vereinbart sich erweisen. Darum erzeugt die Praxis der Verurteilung und Bestrafung ohne Möglichkeit der Verteidigung, ohne Gerichtsurteil, „die verteidigungslose Verdammung von vornherein Verurteilter", wie Reichsminister Frank es nannte, ein Gefühl der Rechtlosigkeit und eine Gesinnung ängstlicher Furchtsamkeit und knechtischer Feigheit, die auf die Dauer den Volkscharakter verderben und die Volksgemeinschaft zerreissen muss.

Meine Christen! Man wird mir vielleicht den Vorwurf machen, mit dieser offenen Sprache schwäche ich jetzt im Kriege die innere Front des deutschen Volkes.

Demgegenüber stelle ich fest: Nicht *ich* bin die Ursache etwaiger Schwächung der inneren Front, sondern jene, die ungeachtet der Kriegszeit, ungeachtet der äusseren Not, ja jetzt hier in Münster zum Abschlusse einer Schreckenswoche schauriger Feindangriffe, schuldlose Volksgenossen ohne Gerichtsurteil und Verteidigungsmöglichkeit in harte Strafen nehmen, unsere Landsleute, unsere Brüder und Schwestern, ihres Eigentums berauben, auf die Strasse setzen, aus dem Lande jagen!

Sie zerstören die Reichssicherheit, *sie* untergraben das Rechtsbewusstsein, *sie* vernichten das Vertrauen auf unsere Staatsführung!

Und darum erhebe ich im Namen des rechtschaffenen deutschen Volkes, im Namen der Majestät der Gerechtigkeit, im Interesse des Friedens und der Geschlossenheit der inneren Front meine Stimme, darum rufe ich laut als deutscher Mann, als ehrenhafter Staatsbürger, als Vertreter der christlichen Religion, als katholischer Bischof: Wir fordern Gerechtigkeit! Bleibt dieser Ruf ungehört und unerhört, wird die Herrschaft der Königin Gerechtigkeit nicht wiederhergestellt, so wird unser deutsches Volk und Vaterland, trotz des Heldentums unserer Soldaten und ihrer ruhmreichen Siege, an innerer Fäulnis und Verrottung zugrunde gehen!

Lasst uns beten für alle, die in Not sind, besonders für unsere verbannten Ordensleute, für unsere Stadt Münster, dass Gott weitere Prüfungen von uns fernhalte, für unser deutsches Volk und Vaterland und seinen Führer: Vater unser.

526

WOZU, KAMERAD?

Durch Schneestürme und Feuer marschierst Du nach Osten. Zahllose Massengräber Deiner Kameraden bleiben hinter Dir. Stündlich fallen neue Opfer. Täglich vermehrt sich die Zahl der Witwen und Waisen in der Heimat. Mit jedem Tag wird der Frost stärker, die Kälte unausstehlicher, die Leiden der Soldaten qualvoller.

WOZU DAS ALLES?

Herkunft: UdSSR 1941

Wozu das alles?

Hitler sagt:

— Für Deutschland, zum Schutz des deutschen Bodens vor den Angriffen der Roten Armee.

Hat aber nicht Hitler am 22. Juni 1941 den Befehl zum Angriff auf Russland erteilt?

Hat er nicht ohne jeden Grund den Pakt zerrissen, der, nach seinen eigenen Worten, „zwischen Deutschland und Sowjetrussland für alle Zukunft jede Gewaltanwendung ausschliesst"?

Hitler sagt:

— Für eine glückliche Zukunft des deutschen Volkes.

Wer bildet jedoch das deutsche Volk?

Das bist Du selbst, das ist Deine Frau, das sind Deine Kinder, Deine Kameraden, ihre Mütter, Frauen, Kinder und Verwandten. Besteht das Glück Deutschlands darin, dass Millionen Deutsche im Osten zugrunde gehen? Besteht es darin, dass in Deutschland Millionen Witwen und Waisen leiden?

Hitler sagt:

— Für die „Neue Ordnung", für ein „Neues Europa".

Hat aber nicht Hitler Europa verheert? Haben nicht die Eroberungen Deutschlands den grimmigen Hass gegen die Hitlerleute in den Herzen von Hunderten Millionen Menschen—Russen, Franzosen, Tschechen, Serben, Norwegern, Belgiern—entfacht? Ist denn die Herrschaft des deutschen Bajonetts über Europa und die Besatzung vieler Länder durch die Hitlertruppen wirklich die „Neue Ordnung", für die man sterben soll?

Hitler sagt:

— Der Krieg wird bald mit dem Siege Deutschlands beendet sein.

Hat aber nicht Hitler versprochen, den Krieg schon im Jahre 1940 zu beenden? Ist nicht jetzt nach Beginn des Krieges gegen Russland der Weg zum Frieden schwerer und länger geworden?

Hitler hat das deutsche Volk betrogen!

Die Rettung Deutschlands, Deine Rettung besteht nur darin:

Man muss mit diesem unsinnigen, unglücklichen Krieg Schluss machen!

Es lohnt sich nicht, sein Blut für das wahnwitzige Abenteuer Hitlers, der die ganze Welt erobern will, zu vergiessen.

Es lohnt sich nicht, sein Grab in den Schneewehen Russlands zu suchen, seine Frau zur Witwe und seine Kinder zu Waisen zu machen.

Dein Leben kann noch Deutschland, Deiner Familie zu Nutzen kommen.

Dein Tod ist nur für Hitler und seine blutigen Pläne nötig.

Wähle das Leben—solange es noch Zeit ist!

Gib Dich gefangen!

In der Gefangenschaft bei der Roten Armee ist Dir menschenwürdige Behandlung, Arbeit und glückliche Heimkehr nach Kriegsende gesichert!

Dieses Flugblatt dient als Passierschein durch die Front, um sich der Roten Armee gefangen zu geben.	Эта листовка служит пропуском через фронт для сдачи в плен Красной Армии.

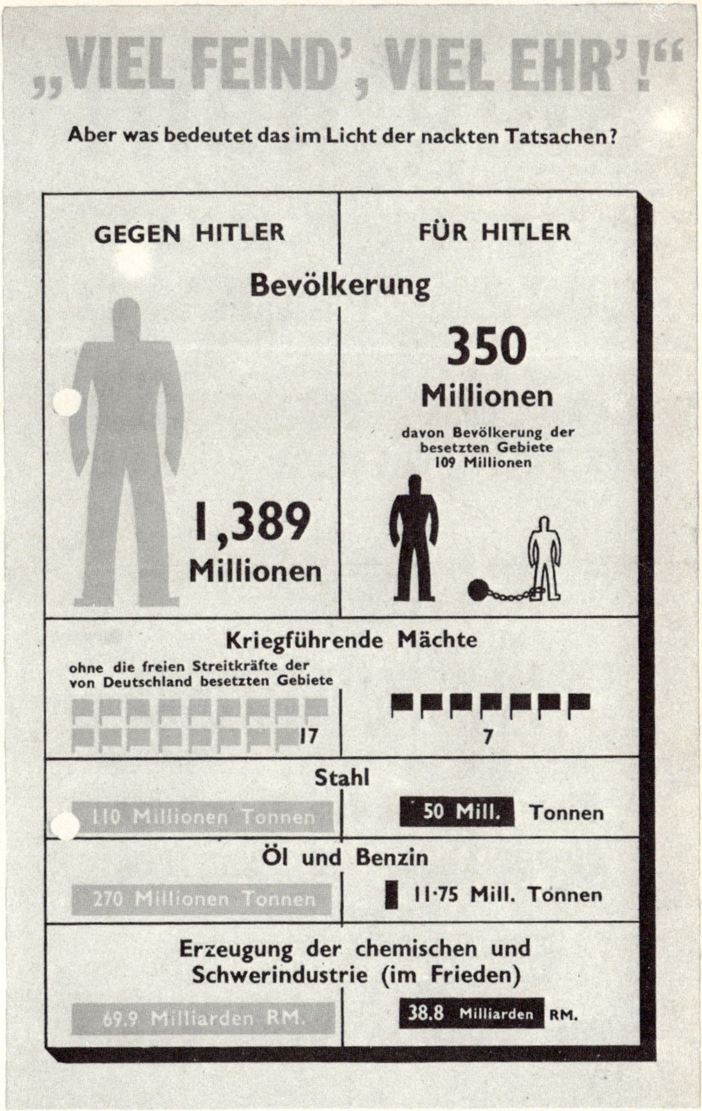

Herkunft: England | Januar 1942

Sieg Heil!

„Ein Jahr grösster Entscheidungen steht vor uns . . ."
(Hitler, 11. XII. 1941.)

ÖSTERREICH • TSCHECHOSLOWAKEI • MEMEL • POLEN
NORWEGEN • HOLLAND • BELGIEN • FRANKREICH
JUGOSLAWIEN • GRIECHENLAND

— das waren alles nur lächerliche Kleinigkeiten, ein paar hunderttausend Tote und Krüppel für Deutschland — nicht der Rede wert. Jetzt erst geht es richtig los! Jetzt erst beginnt

DER ZWEITE, GRÖSSERE WELTKRIEG

Jetzt muss Deutschland
RUSSLAND,
ENGLAND,
DAS BRITISCHE WELTREICH,
DIE VEREINIGTEN STAATEN
besiegen.

Vier Fünftel der Bewohner dieser Erde sind noch frei.

DER FÜHRER RUFT:
„Dieser Kampf muss bis zur letzten Konsequenz durchgeführt werden."

VIEL FEIND', VIEL EHR'!

532

Herkunft: England/USA Januar 1942

Herkunft: England April 1942

Lesen und an die Kameraden weitergeben!

MIT HITLER WIRD NIEMAND FRIEDEN SCHLIESSEN

Deutscher Soldat!

Hitler hat dem Volke Frieden und Glück versprochen, hat ihm aber Krieg und Leiden gebracht.

Seinen Weltherrschaftsplänen zuliebe, der Bereicherung der deutschen Kanonenfabrikanten und Großaktionäre zuliebe betrog er das deutsche Volk und andere Völker. Er schloß heuchlerisch Friedensverträge mit anderen Ländern, bereitete aber, unter Deckung der Verträge, den Überfall auf sie vor und brach dann treulos diese Verträge.

HITLERS WEG IST EIN WEG DER LÜGE UND DER RAUBKRIEGE.

Erinnere Dich, wie es war.

„Wir wollen keine Tschechen", erklärte Hitler im September 1938. Aber ein halbes Jahr später, im Frühjahr 1939, besetzten die deutschen Truppen auf Hitlers Geheiß die **Tschechoslowakei** und zogen in Prag ein.

Bei seinem Überfall auf die Tschechoslowakei versicherte Hitler **Polen** seiner friedlichen Absichten und warf sogar den Polen ein Stückchen Tschechoslowakei hin. Im Herbst 1939 überfiel Hitler Polen und okkupierte es.

Mit **Norwegen** und **Dänemark** hatte Hitler Friedensverträge. Hitler hatte diesen Ländern versprochen, ihre Unabhängigkeit zu respektieren. Hitler war auch mit **Holland** und mit **Belgien** durch Verträge verbunden.

Alle diese Länder bewahrten strikte Neutralität. Aber Hitler besetzte eins nach dem andern diese kleinen Länder, die keine Bedrohung für Deutschland darstellten, und ließ sie ausplündern.

Hitler versicherte, er hätte keine imperialistischen Ziele im Westen. Aber im Sommer 1940 okkupierten deutsche Truppen, auf Hitlers Befehl, **Frankreich** und plünderten es aus.

Herkunft: UdSSR 1941/1942

Hitler schwor den **Balkanländern** ewigen Frieden. Aber er zerriß wie einen Fetzen Papier den Vertrag mit **Jugoslawien,** versklavte und plünderte dieses Land. Es wäre ja lächerlich, davon zu reden, daß das kleine Jugoslawien Deutschland bedrohte. Dann kam das heldenhafte **Griechenland** an die Reihe, das standhaft seine Freiheit verteidigte.

Im August 1939 schloß Hitler, zur Genugtuung des deutschen Volkes, einen Nichtangriffs- und Freundschaftspakt mit **Sowjetrußland** auf die Dauer von 10 Jahren. Hitler schwor hoch und heilig, er würde den Frieden mit Rußland hochhalten: „Wenn ich mich einmal auf einen Weg begebe, dann gehe ich diesen Weg bis Ende." Aber es gibt nur **einen** Weg, den Hitler tatsächlich bis zu Ende geht. Das ist der Weg der Heuchelei und des Treubruchs, der Weg der Raubkriege. Am 22. Juni 1941 hat Hitler frevelhaft den Vertrag gebrochen und ohne Kriegserklärung den letzten mächtigen Freund des deutschen Volkes — Sowjetrußland — überfallen.

DEUTSCHER SOLDAT! Hitler und seine Clique haben sich als die schlimmsten Imperialisten entpuppt. Sie stürzten das deutsche Volk in einen hoffnungslosen Krieg ohne Ende.

MIT HITLER, DER TREULOS ALLE VERTRÄGE BRICHT, WIRD NIEMAND FRIEDEN SCHLIESSEN.

Solange Hitler an der Macht ist, wird der Krieg nicht zu Ende gehen. Willst Du Frieden, dann stürze Hitler!

MACH SCHLUSS MIT DEM RÄUBERISCHEN KRIEG!

Schieß nicht auf die russischen Soldaten! Gib Dich der Roten Armee gefangen!

PASSIERSCHEIN	**ПРОПУСК**
Ich, deutscher Soldat, weigere mich, gegen die russischen Arbeiter und Bauern zu kämpfen. Ich gebe mich freiwillig der Roten Armee gefangen.	Я, немецкий солдат, отказываюсь воевать против русских рабочих и крестьян. Перехожу добровольно в плен к Красной Армии.

A—516

DEUTSCHER SOLDAT!

DIE HITLERBANDE MACHT DEUTSCHLAND ZUM HURENHAUS

DIESE DOKUMENTE HIER ZEIGEN DIR, WOMIT DEINE OFFIZIERE SICH DIE ZEIT VERTREIBEN.

Reichsversicherungsstelle für Familienzuwachs .

Datum des Poststempels

B e r l i n SW 68

Abt.6969/175.40

Sehr geehrter Herr !

Da infolge des Krieges eine grosse Anzahl deutscher Männer gefallen ist, so tritt an die jetzt noch lebenden Männer die Pflicht heran, sich der Frauen und Mädchen anzunehmen, damit der Geburtennachwuchs gesichert und wesentlich gehoben wird.

Sie werden uns als besonders leistungsfähig angegeben und ersuchen wir Sie daher ganz ergebenst, das Ihnen zugedachte Ehrenamt deutscher Pflichterfüllung zu übernehmen. Bemerkt sei noch, dass Ihrer Gattin aus dieser Pflicht ein Recht auf Ehescheidung nicht zusteht, da doch jede Frau dieses kleine Ungemach als Kriegsfolge hinnehmen muss.

Ihnen ist der Bezirk II a, welcher Ihnen noch näher bezeichnet wird, umfassend 9 Frauen und 10 Mädchen, zugeteilt.

Sollten Sie sich der zugedachten Leistung nicht für fähig halten, so haben Sie dies binnen 2 Tagen unverzüglich nach hier zu melden unter Namhaftung eines tüchtigen Ersatzmannes und Einreichung eines mindestens von 2 Ärzten unterschriebenen Attestes über Ihre Unfähigkeit zur Übernahme obigen Ehrenamtes.

Sind Sie aber in der Lage, ausser Ihrem Bezirk noch einen weiteren zu übernehmen, so werden Sie " Deckoffizier " und erhalten neben einer Zuchtprämie den Begattungsorden I. Klasse am blauroten Bändchen.

Eine Aufstellung der von Ihnen zu besuchenden Personen übersenden wir Ihnen in Kürze. Wir bemerken noch, dass Sie bei der Übernahmee eine dritten Bezirkes steuerfrei und pensionsberechtigt sind.

Ihre segensreiche Arbeit wollen Sie sofort nach Eingang des Personenverzeichnisses beginnen und den Erfolg nach 9 Monaten unter Benutzung der Ihnen noch zugehenden Formulare nach hier melden.

Der Kreisdeligierte
des Kriegsfürsorgeamtes.

Herkunft: UdSSR 1941/1942

Herkunft: UdSSR 1941/1942

DIE SCHWERSTEN ANGRIFFE DER LUFTWAFFE VON DER R.A.F. WEIT ÜBERBOTEN

Mehr als 1000 Bomber auf einmal eingesetzt

IN der Nacht vom 30. Mai griff die Royal Air Force Köln mit weit über 1000 Flugzeugen an. Der Angriff wurde auf anderthalb Stunden zusammengedrängt. Der deutsche Sicherheits- und Abwehrdienst war der Wucht des Angriffs nicht gewachsen.

Premierminister Churchill sagte in seiner Botschaft an den Oberbefehlshaber des britischen Bomberkommandos am 31. Mai:

„Dieser Beweis der wachsenden Stärke der britischen Luftmacht ist auch das Sturmzeichen für die Dinge, die von nun an eine deutsche Stadt nach der andern zu erwarten hat."

Zwei Nächte darauf griff die Royal Air Force das Ruhrgebiet mit über 1000 Maschinen an.

Die Offensive der Royal Air Force in ihrer neuen Form hat begonnen

G. 31

Herkunft: England — Juni 1942

ENGLANDS ANGEBOT

● Gerechtigkeit für alle, auch die Deutschen

„Gerechtigkeit für die von Deutschland versklavten Völker, Gerechtigkeit für uns selbst, Gerechtigkeit für Deutschland."

Lord Cranborne

● Bestrafung der Verbrecher

„Harte, unbeugsame Gerechtigkeit für jene Deutschen, die sich der abscheulichen Verbrechen schuldig gemacht haben, deren Zeugen wir waren."

Lord Cranborne

● Wirtschaftliche Gleichberechtigung, Arbeit und Sicherheit

„Gleichberechtigung für Sieger und Besiegte im freien Zugang zu den Rohstoffen der Welt, Arbeit und soziale Sicherheit für alle."

Roosevelt-Churchill Erklärung

ENGLANDS FORDERUNG

● Das deutsche Volk muss selbst handeln, um sich von Hitlers Gangsterherrschaft zu befreien

„Wenn daher wirklich irgend ein Teil des deutschen Volkes eine Rückkehr zu einem deutschen Staat herbeigeführt sehen will, der auf der Achtung vor dem Gesetz und den Rechten des Einzelnen beruht, dann müssen diese Menschen verstehen, dass niemand ihnen glauben wird, bevor sie nicht aktive Schritte unternommen haben, um sich von dem jetzigen Regime zu befreien."

Aussenminister Eden

„Keiner kann neutral bleiben. Jeder muss durch seine Taten zeigen, wo er steht: ob gegen uns und die Freiheit, oder an unserer Seite in der grossen Armee der werdenden Welt."

Sir Stafford Cripps

DAS DEUTSCHE VOLK HAT DIE WAHL

Herkunft: UdSSR 1942

ЧЕМ ВЫ ЗАНИМАЕТЕСЬ В СВОБОДНОЕ ВРЕМЯ?

Этим заинтересовались Молочников и Геращенко и, по этой причине они выпустили следующий приказ:

„Всем командирам отделений оперативной группы. За последнее время участились случаи, что часовые засыпают на посту. Поэтому приказывается:
Установить, чем занимаются люди в свое свободное время и достаточно ли они спят“.

На это мы даем ответ:

Удобный случай для сна при политическом обучении,

так как тому, что рассказывают, никто не верит,

но интересует то, что пишут немцы и, поэтому, в свободное время, собирают наши листовки,

сообщающие обо всем, что происходит на остальных фронтах и делают потом их предметом обсуждения.

Herkunft: Deutschland 1942

MASSENMORD

DAS VERBRECHEN

IN DEUTSCHLAND gab es bis 1939 etwa 200 000 Juden. Von ihnen sind bis auf 40 000 alle zugrundegegangen oder deportiert.

IN ÖSTERREICH leben von 75 000 Juden höchstens noch 15 000.

IN DER TSCHECHOSLOWAKEI wurden 137 000 Juden festgenommen.

IN POLEN sind mehr als 600 000 Juden eines unnatürlichen Todes gestorben.

IN HOLLAND UND BELGIEN blieb von 180 000 nur ein Drittel übrig.

IN FRANKREICH wurden nahezu 50 000 nach dem Osten verschleppt und unzählige ermordet.

IN JUGOSLAWIEN wurden von rund 85 000 nicht weniger als 84 000 getötet, verschleppt oder eingekerkert.

IN RUMÄNIEN gab es 900 000 Juden. Jetzt leben dort kaum mehr 250 000.

IN GRIECHENLAND müssen alle Juden zwischen 18 und 45 Sklavenarbeit verrichten. Viele wurden ermordet.

IN LETTLAND ist ein Viertel der jüdischen Bevölkerung getötet worden. Die übrigen sind Zwangsarbeiter oder verhungern in den Ghettos.

IN NORWEGEN wurden sämtliche Juden, soweit das norwegische Volk sie nicht verborgen hat, verhaftet und verschleppt.

Man muss annehmen, dass weit mehr als eine Million europäischer Juden bereits ausgerottet worden ist.

DAS URTEIL DER WELT

Die Vereinten Nationen haben am 17. Dezember 1942 eine gemeinsame Erklärung veröffentlicht, die u.a. von den Vertretern Grossbritanniens, Amerikas und der Sowjet-Union unterzeichnet ist. In ihr heisst es:

Aus allen von den Deutschen besetzten Ländern werden die Juden unter den brutalsten und grauenhaftesten Bedingungen nach Osteuropa verschleppt. In Polen, das die Nazis zu ihrem grössten Schlachthaus gemacht haben, werden die Juden aus den von den Eindringlingen errichteten Ghettos herausgeholt, ausgenommen die wenigen Facharbeiter, die für die Rüstungsindustrie verwendbar sind. Von keinem der Verschleppten hat man je wieder etwas gehört. Die Arbeitsfähigen werden in Zwangsarbeitslagern langsam zu Tode geschunden, die Alten und Gebrechlichen dem Hungertod ausgesetzt oder in Massen hingerichtet. Den mit kaltem Blut begangenen Grausamkeiten sind Hunderttausende völlig unschuldiger Männer, Frauen und Kinder zum Opfer gefallen.

Diese bestialische Methode planmässig betriebener Ausrottung bestärkt nur alle freiheitsliebenden Völker in ihrer Entschlossenheit, mit der Hitlerbarbarei endgültig aufzuräumen. Die unterzeichneten Regierungen bekräftigen noch einmal aufs Feierlichste: Keiner, der für diese Verbrechen verantwortlich ist, wird der Strafe entgehen.

„Vernichtung fremden Volkstums widerspricht den Lebensgesetzen nicht, wenn sie vollständig geschieht."

SS-BRIGADEFÜHRER DR. K. W. BEST, "ZEITSCHRIFT FÜR POLITIK", JUNI 1942

Herkunft: England — Januar 1943

Kraft durch Furcht

Warum will Adolf Hitler die Juden, nachdem er sie ausgeplündert und dezimiert hat, mit Hunger und Gas, Feuer und Schwert ausrotten?

Diese beispiellosen Massenmorde sollen eine so ungeheuerliche Blutschuld auf den deutschen Namen laden, sollen den Kreis der Schuldigen so weit ausdehnen, dass es den Siegern unmöglich gemacht würde, zwischen Schuldigen und Unschuldigen zu unterscheiden. Das ist die Rechnung Hitlers und seiner SS. Sie wollen den Hass der ganzen Welt absichtlich gegen das ganze deutsche Volk entzünden, damit sie dann dem deutschen Volk sagen können: „Die Welt wird euch Gleiches mit Gleichem vergelten. Wenn ihr nicht ausgerottet werden wollt, wie wir die andern ausrotten, müsst ihr für Hitler kämpfen.“

„Wir haben gemeinsame Sache gemacht“, sagt die Hitlerpropaganda. Wir — das sind die Massenmörder, zusammen mit dem deutschen Volk. Hitler ist es, der jeden einzelnen Deutschen in die Untaten der SS verstricken will.

Weil das deutsche Volk an dem versprochenen Endsieg zu zweifeln beginnt, soll es „einig“ werden, einig in der Furcht vor den Folgen der fürchterlichsten Verbrechen.

Die Vereinten Nationen führen keinen Vernichtungskrieg von Volk gegen Volk, von Rasse gegen Rasse, wie die Nazis. Die Vereinten Nationen kämpfen nicht für Massenmord und „Vernichtung fremden Volkstums“ wie die Nazis. Aber mache sich deswegen keiner etwas vor! Wer sich zur Theorie und Praxis der SS bekennt, wie der SS-Brigadeführer Best sie niedergelegt hat, der stellt sich unter dasselbe Gesetz und wird mit demselben Mass gemessen werden. Die Gerechtigkeit verlangt, dass keiner ihr entgehe, der in Wahrheit schuldig oder mitschuldig ist.

Darum: Hände weg! Jeder Deutsche muss sich *jetzt* entscheiden, ob er das Schicksal der Naziverbrecher teilen will. Es wird Buch geführt.

Schwarze Listen für die Schwarze Schmach

G.68

Herkunft: England Januar 1943

Le 8 novembre 1942 Adolf Hitler, Führer, Chancelier du Reich, commandant suprême des Forces armées du Reich, commandant personnellement les armées de terre.

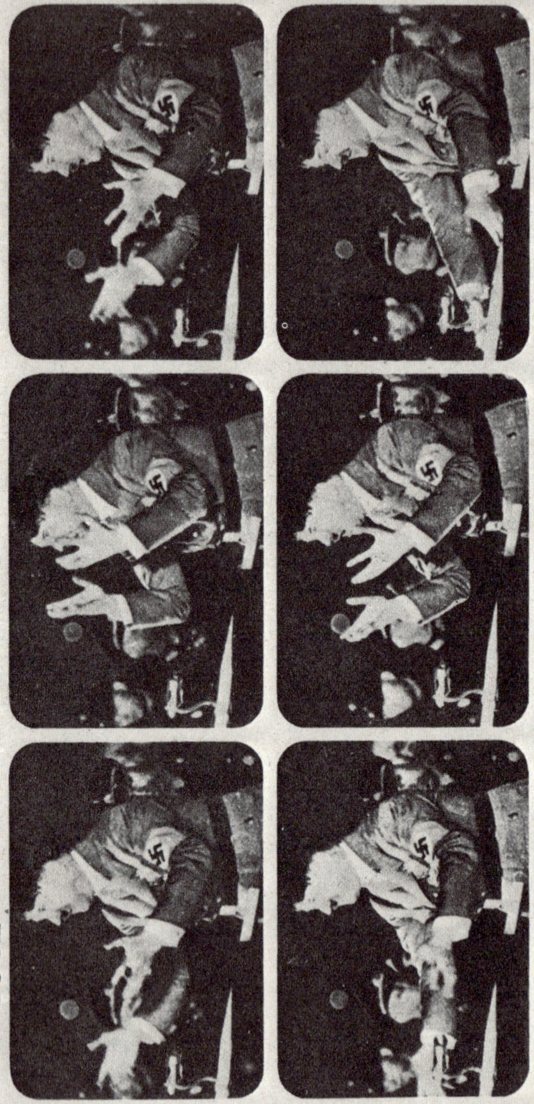

Eh bien, chantez maintenant!

F1

Herkunft: England — März 1943

GAS

Am 21. April 1943 gab die britische Regierung folgende Erklärung ab: Nach Berichten aus verschiedenen Quellen trifft Hitler Vorbereitungen zum Gaskrieg an der Ostfront. Die Britische Regierung wiederholt daher die bereits im Vorjahr von Premierminister Churchill ausgeprochene Warnung: Jede Anwendung von Giftgas gegen das mit Grossbritannien verbündete Russland wird zur unmittelbaren Folge haben, dass dieses Kriegsmittel auch von Grossbritannien in grösstmöglichem Ausmass gegen die Zentren der deutschen Rüstungsindustrie, sowie gegen Häfen und andere militärische Ziele in ganz Deutschland angewandt wird. Grossbritanniens Vorbereitungen für einen etwaigen Gaskrieg haben seit dem vergangenen Jahr grosse Fortschritte gemacht. Die erforderlichen Vorkehrungen gegen deutsche Vergeltungsmassnahmen sind von den zuständigen Behörden bereits im ganzen Land angeordnet worden.

G.28

Herkunft: England — Mai 1943

[51] Die Zweite Front

Die zweite Front kommt!

DEUTSCHE SOLDATEN!

SAGTEN WIR EUCH NICHT, daß Hitlers Blitzkrieg in Rußland scheitern wird?

SO IST ES AUCH GEKOMMEN.

SAGTEN WIR EUCH NICHT, daß Hitler Moskau niemals bekommen wird?

Bei Moskau wurde Hitlers Armee im Winter 1941/42 zerschmettert und um Hunderte von Kilometern zurückgeworfen.

SAGTEN WIR EUCH NICHT, daß Stalingrad für hunderttausende deutsche Soldaten zum Grab werden wird?

Stalingrad ist wirklich für zwei deutsche Armeen, die 6. Armee von Paulus und die 4. Panzerarmee, zum Grab geworden.

SAGTEN WIR EUCH NICHT, daß die Frühjahrs- und Sommeroffensive Hitlers Euch nichts weiter einbringen wird als sinnlose Opfer; daß wir die Kilometer der von Euch besetzten russischen Gebiete zurückgewinnen, während Eure vernichteten Divisionen nicht mehr auferstehen werden?

SO IST ES AUCH GESCHEHEN.

Ihr habt Eure besten Kaderdivisionen verloren. Die rumänische, ungarische und italienische Armee in Rußland existieren nicht mehr. Die Rote Armee aber hat im Herbst und Winter 1942/43 nicht nur das Territorium von den Deutschen gesäubert, das diese im Sommer 1942 besetzt hatten, sondern auch eine Reihe von Städten und Bezirken, die sich etwa anderthalb Jahre in deutscher Hand befanden.

SAGTEN WIR EUCH NICHT, daß Deutschland zum Schauplatz des Luftkrieges werden wird?

DAS IST AUCH RICHTIG EINGETROFFEN.

SAGTEN WIR EUCH NICHT: laßt Euch nicht damit betören, daß „der Amerikaner nicht kommen wird"?

Die Amerikaner sind in Afrika gelandet und schlagen gemeinsam mit den Engländern den General Rommel.

Und nun sagen wir Euch:

Die zweite Front kommt!

Herkunft: UdSSR — Anfang 1943

[51/2]

GLAUBT NICHT, daß die Flotte der Verbündeten für die Landung von Truppen in Europa nicht ausreicht.

Die Verbündeten verfügen bereits über 56 Linienschiffe, 150 Kreuzer, 480 Zerstörer und Tausende von Handelsschiffen für Militärtransporte. Amerika allein wird im Jahre 1943 2500 Schiffe mit 20 Millionen BRT von Stapel lassen, das ist soviel, wie die ganze englische Flotte vor dem Kriege ausmachte.

GLAUBT NICHT, daß die deutschen U-Boote die Flotte der Verbündeten lahmlegen können.

Sie vermochten nicht, die Amerikaner und Engländer daran zu hindern, eine gewaltige Armee über den Atlantik nach Afrika hinüberzuwerfen. **Sie vermochten nicht,** die Beförderung einer Millionenarmee mit vielen tausenden Panzern, Flugzeugen und Geschützen aus den USA und Kanada nach England zu durchkreuzen. **Um so weniger werden sie imstande sein,** die Landung der Truppen der Verbündeten an der europäischen Küste zu verhindern.

GLAUBT NICHT, daß ein „Atlantik-Wall" die Küste Westeuropas „uneinnehmbar" mache.

Die Geschichte dieses Krieges hat gezeigt, daß es **keine Befestigungen gibt,** die den Schlägen der modernen Artillerie- und Panzerwaffe standhielten. Von Narvik bis Kreta liegt die europäische Küste in einer Ausdehnung von 15 000 Kilometern für den Angriff offen. Und keine Phantasie-„Wälle" können dagegen was ausrichten.

GLAUBT NICHT dem Geschwätz, daß angebliche Differenzen zwischen den Verbündeten die Aufrichtung der zweiten Front verhindern werden.

Das Kampfbündnis zwischen Rußland, England und Amerika ist nicht allein durch Verträge und gegenseitige Waffenlieferungen besiegelt, sondern auch durch das in den Kämpfen in Afrika und bei Stalingrad vergossene Blut, durch den einheitlichen gemeinsamen Schlag gegen Hitler vom Osten und vom Westen her. Unter diesen gemeinsamen Schlägen

wird Hitler zusammenbrechen.

DEUTSCHE SOLDATEN!

Die zweite Front kommt!

Die Hitlerclique hat den Krieg bereits verloren.
Los von der todgeweihten Hitlerclique, ehe es zu spät ist.

Macht Schluß mit dem Krieg!
Gebt Euch den Russen gefangen!

2194

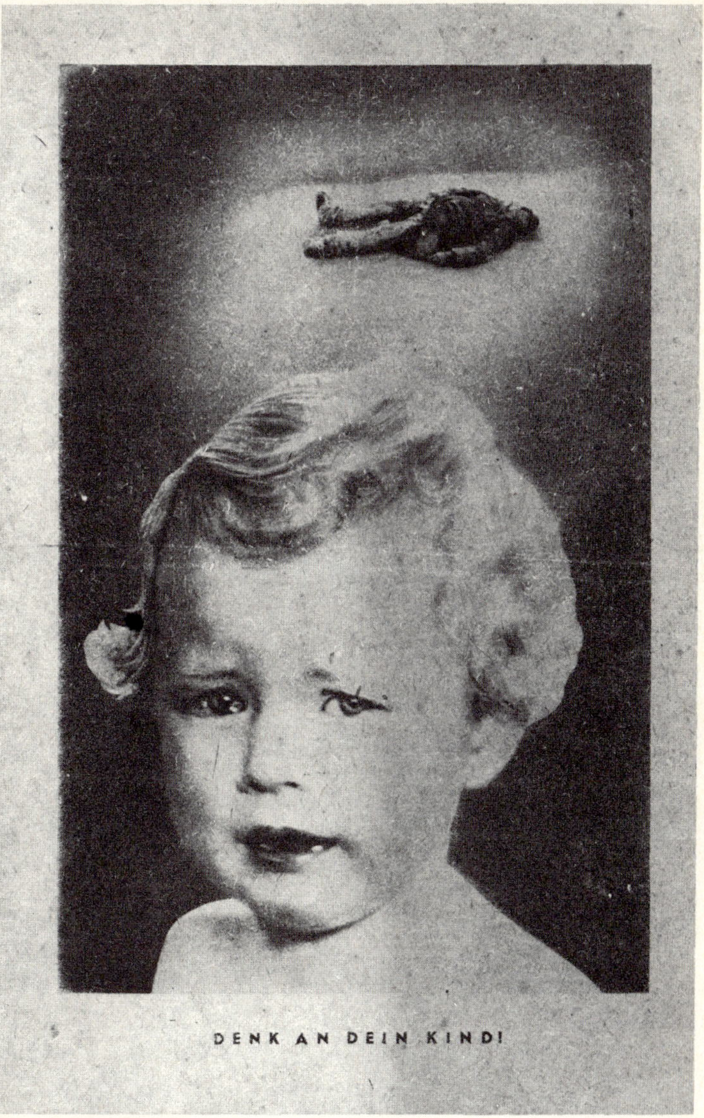

Herkunft: UdSSR Mitte 1943

Lesen und an die Kameraden weitergeben!

ERICH WEINERT

DENK AN DEIN KIND!

Denk an dein Kind!
Wohl diese Nacht
Träumt es von dir!
Und wenn es morgen aufgewacht,
Dann fragt dein Kind nach dir:
Mutter, ist Vater noch nicht hier?

Denk an dein Kind!
Es ist noch klein!
Was soll denn seine Zukunft sein,
Wenn du nicht wiederkehrst,
Wenn du es nicht ernährst?
Soll deine Frau sich plagen und mühn,
Es ohne Vater aufzuziehn?

Wie hat dein Kind gelacht,
Wenn es dich sah!
Nun bist du nicht mehr da.
In stiller Nacht
Weint es nach dir:
O Vater, wärst du wieder hier!

Denk an dein Kind!
Soll es einst sagen:
Mein Vater ist nicht heimgekehrt.
Er hat für Schurken sich geschlagen,
Die unser Vaterland entehrt!

Denk an dein Kind!
Bald ist der braune Spuk vorbei!
Und Deutschland atmet wieder frei!
Und du? Du kehrst dann nicht zurück
Zu deinem Kind, zu deinem Glück?
Wo alle wieder glücklich sind?
Denk an dein Kind!

PASSIERSCHEIN

Jeder deutsche Soldat ist berechtigt, mit diesem Passierschein die Front zu überschreiten und sich den Russen gefangenzugeben. Jeder Angehörige der Roten Armee und jeder Sowjetbürger ist verpflichtet, ihn in den nächstgelegenen Stab der Roten Armee zu führen.

Das Kommando der Roten Armee garantiert dem Kriegsgefangenen das Leben, gute Behandlung und die Heimkehr nach dem Kriege.

ПРОПУСК

Каждый немецкий солдат имеет право с этим пропуском переходить через фронт в плен к русским. Каждый воин Красной Армии и советский гражданин обязан сопроводить его в ближайший штаб Красной Армии.

Командование Красной Армии гарантирует пленному жизнь, хорошее обхождение и возвращение на родину после войны.

2513

EIN DEUTSCHES FLUGBLATT

DIES ist der Text eines deutschen Flugblatts, von dem ein Exemplar nach England gelangt ist. Studenten der Universität München haben es im Februar dieses Jahres verfasst und in der Universität verteilt. Sechs von ihnen sind dafür hingerichtet worden, andere wurden eingesperrt, andere strafweise an die Front geschickt. Seither werden auch an allen anderen deutschen Universitäten die Studenten „ausgesiebt". Das Flugblatt drückt also offenbar die Gesinnungen eines beträchtlichen Teils der deutschen Studenten aus.

Aber es sind nicht nur die Studenten. In allen Schichten gibt es Deutsche, die Deutschlands wirkliche Lage erkannt haben; Goebbels schimpft sie „die Objektiven". Ob Deutschland noch selber sein Schicksal wenden kann, hängt davon ab, dass diese Menschen sich zusammenfinden und handeln. Das weiss Goebbels, und deswegen beteuert er krampfhaft, „dass diese Sorte Mensch zahlenmässig nicht ins Gewicht fällt". Sie sollen nicht wissen, wie viele sie sind.

Wir werden den Krieg sowieso gewinnen. Aber wir sehen nicht ein, warum die Vernünftigen und Anständigen in Deutschland nicht zu Worte kommen sollen. Deswegen werfen die Flieger der RAF zugleich mit ihren Bomben jetzt dieses Flugblatt, für das sechs junge Deutsche gestorben sind, und das die Gestapo natürlich sofort konfisziert hat, in Millionen von Exemplaren über Deutschland ab.

Manifest der Münchner Studenten

Erschüttert steht unser Volk vor dem Untergang der Männer von Stalingrad. 330.000 deutsche Männer hat die geniale Strategie des Weltkriegsgefreiten sinn- und verantwortungslos in Tod und Verderben gehetzt. Führer, wir danken Dir!

Es gärt im deutschen Volk. Wollen wir weiter einem Dilettanten das Schicksal unserer Armeen anvertrauen? Wollen wir den niedrigsten Machtinstinkten einer Parteiclique den Rest der deutschen Jugend opfern? Nimmermehr!

Der Tag der Abrechnung ist gekommen, der Abrechnung unserer deutschen Jugend mit der verabscheuungswürdigsten Tyrannei, die unser Volk je erduldet hat. Im Namen des ganzen deutschen Volkes fordern wir von dem Staat Adolf Hitlers die persönliche Freiheit, das kostbarste Gut der Deutschen zurück, um das er uns in der erbärmlichsten Weise betrogen hat.

In einem Staat rücksichtsloser Knebelung jeder freien Meinungsäußerung sind wir aufgewachsen.

G.39

Herkunft: England | Juli 1943

Manifest der Münchner Studenten

Fortsetzung

HJ, SA und SS haben uns in den fruchtbarsten Bildungsjahren unseres Lebens zu uniformieren, zu revolutionieren, zu narkotisieren versucht. Weltanschauliche Schulung hieß die verächtliche Methode, das aufkeimende Selbstdenken und Selbstwerten in einem Nebel leerer Phrasen zu ersticken. Eine Führerauslese, wie sie teuflischer und zugleich bornierter nicht gedacht werden kann, zieht ihre künftigen Parteibonzen auf Ordensburgen zu gottlosen, schamlosen und gewissenlosen Ausbeutern und Mordbuben heran, zur blinden, stupiden Führergefolgschaft. Wir „Arbeiter des Geistes" wären gerade recht, dieser neuen Herrenschicht den Knüppel zu machen.

Frontkämpfer werden von Studentenführern und Gauleiteraspiranten wie Schulbuben gemaßregelt, Gauleiter greifen mit geilen Späßen den Studentinnen an ihre Ehre. Deutsche Studentinnen haben an der Münchner Hochschule auf die Besudelung ihrer Ehre eine würdige Antwort gegeben, deutsche Studenten haben sich für ihre Kameradinnen eingesetzt und standgehalten. Das ist ein Anfang zur Erkämpfung unserer freien Selbstbestimmung, ohne die geistige Werte nicht geschaffen werden können. Unser Dank gilt den tapferen Kameradinnen und Kameraden, die mit leuchtendem Beispiel vorangegangen sind.

Es gibt für uns nur eine Parole: **Kampf gegen die Partei! Heraus aus den Parteigliederungen,** in denen man uns politisch weiter mundtot machen will! Heraus aus den Hörsälen der SS-Unter- und Oberführer und Parteikriecher! Es geht uns um wahre Wissenschaft und echte Geistesfreiheit! Kein Drohmittel kann uns schrecken, auch nicht die Schließung unserer Hochschulen. Es gilt den Kampf jedes einzelnen von uns um unsere Zukunft, unsere Freiheit und Ehre in einem seiner sittlichen Verantwortung bewußten Staatswesen.

Freiheit und Ehre! Zehn Jahre lang haben Hitler und seine Genossen die beiden herrlichen deutschen Worte bis zum Ekel ausgequetscht, abgedroschen, verdreht, wie es nur Dilettanten vermögen, die die höchsten Werte einer Nation vor die Säue werfen. Was ihnen Freiheit und Ehre gilt, das haben sie in zehn Jahren der Zerstörung aller materiellen und geistigen Freiheit, aller sittlichen Substanz im deutschen Volk genugsam gezeigt. Auch dem dümmsten Deutschen hat das furchtbare Blutbad die Augen geöffnet, das sie im Namen von Freiheit und Ehre der deutschen Nation in ganz Europa angerichtet haben und täglich neu anrichten. Der deutsche Name bleibt für immer geschändet, wenn nicht die deutsche Jugend endlich aufsteht, rächt und sühnt zugleich, seine Peiniger zerschmettert und ein neues, geistiges Europa aufrichtet.

Studentinnen! Studenten! Auf uns sieht das deutsche Volk. Von uns erwartet es, so wie in 1813 die Brechung des napoleonischen, so 1943 des nationalsozialistischen Terrors aus der Macht des Geistes. Beresina und Stalingrad flammen im Osten auf, die Toten von Stalingrad beschwören uns: Frisch auf, mein Volk, die Flammenzeichen rauchen!

Unser Volk steht im Aufbruch gegen die Verknechtung Europas durch den Nationalsozialismus, im neuen gläubigen Durchbruch von Freiheit und Ehre!

[54] Die »Jagd«-Waffe

[54/2]

Herkunft: England Juli 1943

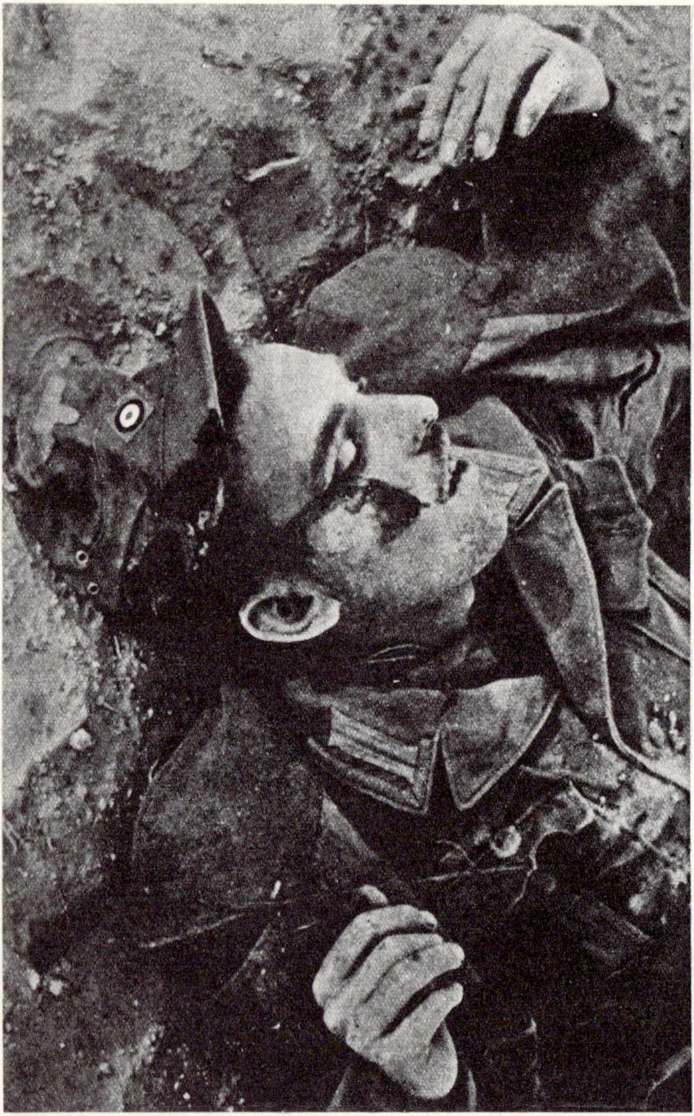

Herkunft: England August 1943

Herkunft: England August 1943

[56/2]

Kölnische Zeitung

mit Wirtschafts- und Handelsblatt

Die Zeit arbeitet endgültig für uns

NOVEMBER 1942	Niederlage bei El Alamein Alliierte Landung in Nordafrika Russischer Durchbruch bei Stalingrad
DEZEMBER 1942	El Agheila-Linie fluchtartig geräumt Russischer Durchbruch am mittleren Don
JANUAR 1943	Tripolis fällt Der Kaukasus geräumt
FEBRUAR 1943	Vernichtung der 6. Armee bei Stalingrad 240 000 Tote 91 000 Gefangene Russischer Durchbruch bei Woronesch
MÄRZ 1943	Die Festungen Demiansk, Rschew, und Wjasma gefallen Mareth-Linie durchbrochen Vernichtung der Ruhr-Industrien beginnt
APRIL 1943	Niederlage bei El Akarit 10 Millionen kg Bomben auf deutsche Industriezentren
MAI 1943	Vernichtung der Panzer-Armee Afrika, 248 000 Gefangene Ganz Nordafrika in alliierter Hand 12 Millionen kg Bomben auf deutsche Industriezentren
JUNI 1943	16 Millionen kg Bomben auf deutsche Industriezentren Im Mai und Juni übertreffen alliierte Schiffsneubauten die Verluste um mehr als 2 Millionen Tonnen
JULI 1943	Deutsche Offensive an der Ostfront bricht zusammen Russische Gegenoffensive beginnt **Invasion Siziliens** **Sturz Mussolinis**

G.51

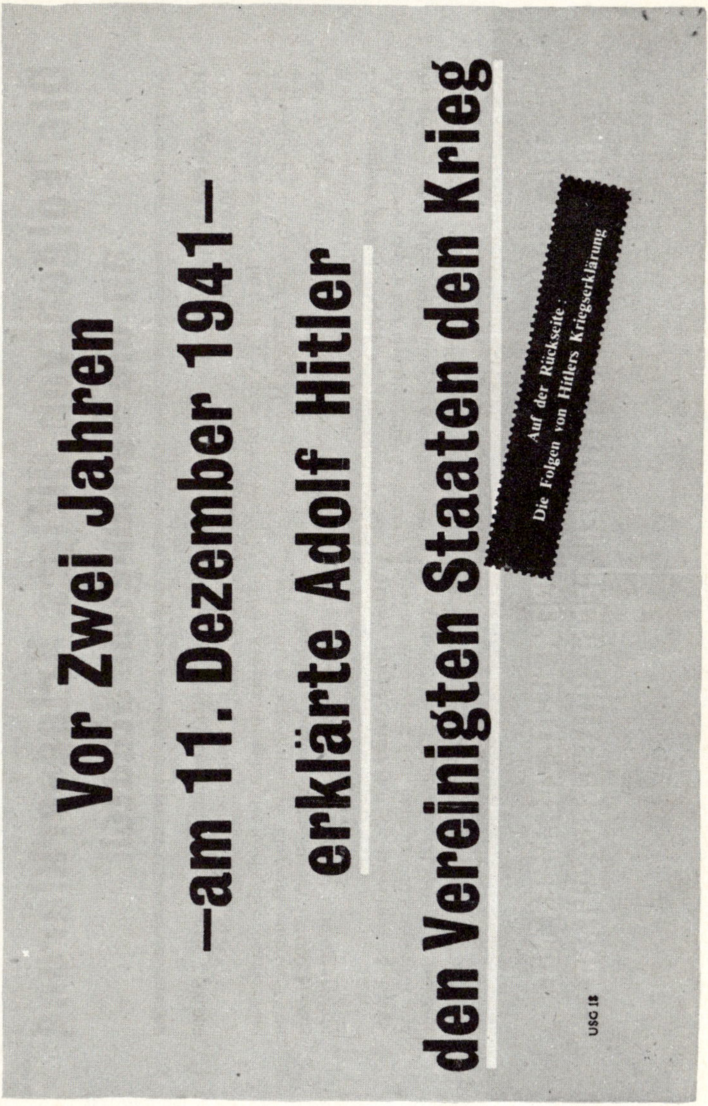

Herkunft: USA Dezember 1943

Die Folgen von Hitlers Kriegserklärung an die Vereinigten Staaten

Hitlers Kriegserklärung hat die militärische Macht eines Volkes von 130.000.000 Menschen zum Einsatz gegen Deutschland gebracht. Im Laufe von zwei Jahren wuchs die amerikanische Armee auf 7.700.000 Mann an.

Hitlers Kriegserklärung hat die gewaltige Produktion Amerikas voll für den Kampf gegen Deutschland mobilisiert. Die Vereinigten Staaten erzeugen alle fünf Minuten ein Flugzeug und bauen täglich fünf Handelsschiffe. Zwischen Januar 1940 und Oktober 1943 wurden in Amerika 65.000 Panzerkampfwagen, mehr als eine Million Militärfahrzeuge, mehr als 170.000 Geschütze und mehr als 1.500.000 Maschinengewehre fertiggestellt.

Hitlers Kriegserklärung hat das Reichsgebiet den Bombenangriffen der amerikanischen Flugwaffe ausgesetzt. In den Vereinigten Staaten werden jährlich 100.000 Militärflugzeuge hergestellt. 15 amerikanische Luftflotten stehen heute im Kampf.

Hitlers Kriegserklärung hat die amerikanische Kriegsmarine, welche jetzt über mehr als 800 Kriegsschiffe und 2.000.000 Mann an Schiffspersonal verfügt, an die Seite der britischen Flotte geführt.

DIE VEREINIGTEN STAATEN KÄMPFEN HEUTE ZUSAMMEN MIT DREIUNDDREISSIG NATIONEN GEGEN HITLER-DEUTSCHLAND

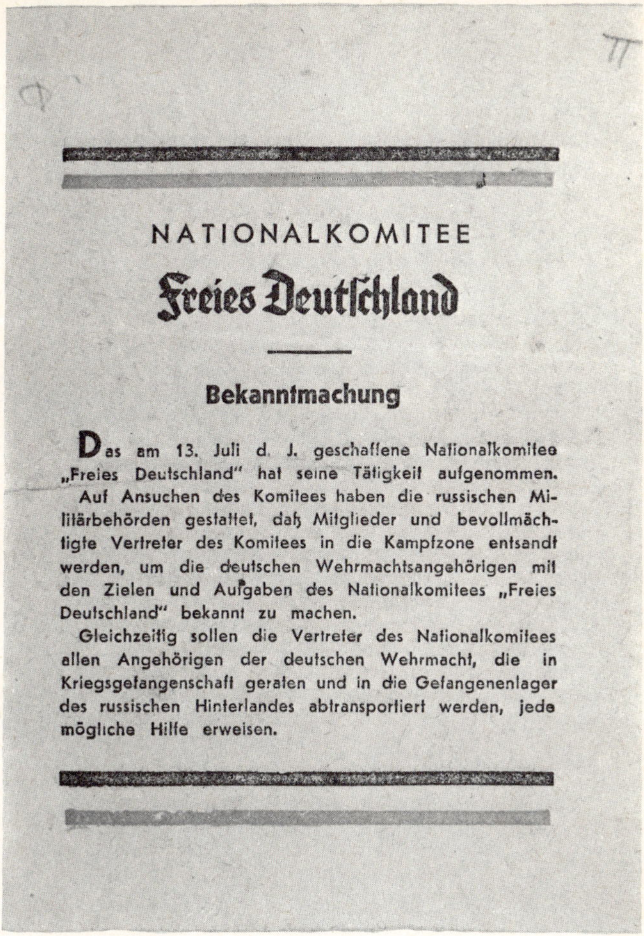

NATIONALKOMITEE

Freies Deutschland

Bekanntmachung

Das am 13. Juli d. J. geschaffene Nationalkomitee „Freies Deutschland" hat seine Tätigkeit aufgenommen.

Auf Ansuchen des Komitees haben die russischen Militärbehörden gestattet, daß Mitglieder und bevollmächtigte Vertreter des Komitees in die Kampfzone entsandt werden, um die deutschen Wehrmachtsangehörigen mit den Zielen und Aufgaben des Nationalkomitees „Freies Deutschland" bekannt zu machen.

Gleichzeitig sollen die Vertreter des Nationalkomitees allen Angehörigen der deutschen Wehrmacht, die in Kriegsgefangenschaft geraten und in die Gefangenenlager des russischen Hinterlandes abtransportiert werden, jede mögliche Hilfe erweisen.

Herkunft: UdSSR — Ende 1943

[58/2]

Das Nationalkomitee „Freies Deutschland" gibt hierdurch bekannt, daß es zu seinem Bevollmächtigten für den hiesigen Frontabschnitt

Herrn JOSEF ROBINÉ, Obergefreiten,

ernannt hat.

Alle in Gefangenschaft geratenen deutschen Wehrmachtsangehörigen sind berechtigt, die russischen Offiziere um Vermittlung einer Unterredung mit unserem Bevollmächtigten zu bitten oder sich schriftlich mit unserem Bevollmächtigten bzw. durch dessen Vermittlung direkt mit dem Nationalkomitee „Freies Deutschland" in Verbindung zu setzen.

Nationalkomitee „Freies Deutschland"

Präsident: Erich Weinert
(Erich Weinert)

Vizepräsident: Hetz
(Major Karl Hetz)

Vizepräsident: Graf v. Einsiedel
(Leutnant Graf von Einsiedel)

9—K

ATTENTION

NOUS reproduisons ici même la photographie de la première page du *Courrier de l'Air* du 24 février 1944.

Comparez-la avec la photographie du soi-disant *Courrier de l'Air* du 24 février 1944 qui a été disséminé par la *Luftwaffe* dans certaines régions de France.

Il saute aux yeux que les Allemands ont réussi à imiter fidèlement — en apparence tout au moins — le *Courrier* que la R.A.F. vous apporte régulièrement depuis quatre ans.

Dans d'autres circonstances nous serions flattés que les Allemands apprécient tellement la valeur du *Courrier de l'Air* qu'ils se donnent le mal d'en fabriquer des contrefaçons.

Mais au stade actuel de la guerre, cette manœuvre présente les plus graves dangers.

Si les Allemands disséminent de faux *Courriers de l'Air* ce n'est pas seulement dans le but de fausser la voix de vos Alliés, ce qui ne nous causerait pas de préoccupations, car nous savons que vous vous en rendriez compte de suite. Les Allemands, sous le couvert d'une feuille d'informations à qui vous faites confiance, préparent le terrain pour vous donner, au nom des Alliés, des instructions prématurées destinées à parachever le travail sinistre de la *Gestapo* et de ses acolytes de la Milice.

Les Allemands vont tout tenter dans l'espoir que vous vous dévoilerez trop tôt.

Nous vous mettons en garde contre ce nouvel effort de l'ennemi et vous demandons instamment de contrôler soigneusement les tracts avec les indications données par la radio alliée avant de vous conformer aux instructions qu'ils pourraient contenir.

LA REDACTION DU COURRIER DE L'AIR

LE COURRIER DE L'AIR

APPORTÉ PAR LA R.A.F. — LONDRES, LE 24 FÉVRIER 1944

L'ÉPURATION DE L'ARMÉE

L'OFFENSIVE AÉRIENNE CONTRE L'ALLEMAGNE S'INTENSIFIE

IL N'Y A PAS DE JOURS, IL N'Y A PAS DE NUITS, OU LES BOMBARDIERS ALLIÉS NE VIENNENT EN GRAND NOMBRE ÉCRASER UNE A UNE TOUTES LES VILLES DU TERRITOIRE DU REICH. IL NE S'AGIT MÊME PLUS MAINTENANT DE S'ATTARDER A VISER DES OBJECTIFS MILITAIRES OU PARA-MILITAIRES. CE QU'IL FAUT, C'EST DÉTRUIRE PIERRE A PIERRE LE PAYS QUI A OSÉ SE DRESSER CONTRE LA CIVILISATION ANGLO-SAXONNE.

Vers le Règlement du DIFFÉREND Polono-Soviétique

LE COURRIER DE L'AIR

APPORTÉ PAR LA R.A.F. — LONDRES, LE 24 FÉVRIER 1944

La Bataille d'Allemagne se poursuit violemment

L'INTENSIFICATION DES MISSIONS DE BOMBARDEMENT CONJUGUÉES DE LA R.A.F. ET DES FORCES AÉRIENNES AMÉRICAINES CONSTITUE UN NOUVEAU STADE DANS LA BATAILLE D'ALLEMAGNE.

SIGNATURE D'ACCORDS FRANCO-ANGLAIS

Combats acharnés à Anzio

Echec allemand

ATTAQUE AÉRIENNE EN TENAILLES

RENVERSANT

RESTITUTION INVOLONTAIRE

DÉFENSE ÉLASTIQUE

APPORTE PAR LA R.A.F. (EN HAUT)

Cette feuille vous donne franchement et objectivement la confirmation des nouvelles que vous avez déjà entendues à la radio.

APPORTE PAR LA LUFTWAFFE

Cette feuille, rédigée dans le style cher au maître-chanteur, n'a qu'un but, vous mettre dans le plus grand danger.

Herkunft: England — Mai 1944

STERNENBANNER

Herausgeber: USA Kriegsinformationsamt — London, den 8. Juni 1944.

Die Eröffnung der Vierten Front

DIE ALLIIERTEN LANDEN!

Amerikanische Soldaten, von Landungsbooten bis auf hundert Meter an die Küste der Normandie herangebracht, waten unter dem Schutz schwerer Schiffsgeschütze zum Strand

AM 6. Juni veröffentlichte das Oberkommando der alliierten Expeditionsstreitkräfte in London folgenden Heeresbericht:

„Unter dem Oberbefehl von Generaloberst Eisenhower begannen alliierte Flottenstreitkräfte mit Unterstützung starker Luftstreitkräfte am heutigen Morgen alliierte Armeen an der Nordküste Frankreichs zu landen."

Mit diesen Worten erfuhr die Welt von der Eröffnung der Vierten Front. Zur Ostfront, Südfront und Luftfront ist nun die Westfront gekommen.

Im englischen Unterhaus bezeichnete Premierminister Winston Churchill die Landungen als „die ersten in einer Reihe von Massenlandungen auf dem europäischen Festland."

Ueber 4.000 Schiffe

Am Tage nach der Befreiung Roms durch die Alliierten erfolgten kurz nach der Morgendämmerung, bei hellem Tageslicht, die Landungen an der französischen Nordküste zwischen Le Havre und Cherbourg. Über 4.000 Schiffe und tausend kleinere Boote nahmen an den ersten Landungen teil. 11.000 Flugzeuge waren zur Unterstützung der Operationen verfügbar.

Den Landungen gingen Luftbombardierungen nie dagewesenen Ausmasses voran. Über 1.000 schwere Bomber der R.A.F. griffen in der Nacht vor den Landungen die Befestigungsanlagen des Atlantik-Walls an, und über 1.000 schwere amerikanische Kampfflugzeuge setzten die Angriffe bei Tagesanbruch fort. Luftlandetruppen und Fallschirmjäger wurden hinter den deutschen Linien mit Transport und Gleitflugzeugen in Massen gelandet.

Infanterie wurde aus Sturm- und Landungsbooten unter dem Schutz von über 640 Schiffsgeschützen an Land gesetzt; Flugzeuge bildeten über ihnen den riesigsten „Schirm," der je eine Aktion sicherte. Der Bordschütze eines Liberator-Bombers, der die Landungen von der Luft aus beobachten konnte, schilderte das Schauspiel mit folgenden Worten: „Vor lauter Flugzeugen konnte man kaum den Himmel sehen, und das Wasser sah aus wie eine feste Schiffsbrücke über den Kanal."

Im Anfangsstadium der Operation war der Widerstand der deutschen Luftwaffe ungewöhnlich schwach. Wie amtlich berichtet wurde, erlitten die Flottenstreitkräfte der Alliierten nur „sehr leichte" Verluste; Widerstand von U-Booten wurde kaum bemerkt. Dem Feuer der alliierten Schiffsgeschütze gelang es bald, viele der deutschen Küstenbatterien zum Schweigen zu bringen. Dadurch waren die Verluste der alliierten Truppen über alles Erwarten gering.

Luftgeleitzug 80 km lang

Lastwagen, Panzer, Nachschub und schwere Ausrüstung wurden an verschiedenen Stellen planmässig an Land gesetzt.

Der Erfolg der ersten Landungsoperationen ist unter anderem folgenden Ursachen zuzuschreiben: Die Einschiffung in England konnte von der deutschen Luftwaffe nicht gestört werden: die Geleitzüge waren bei der Überquerung des Kanals keinen ernsthaften Angriffen durch deutsche Luft- und Seestreitkräfte oder U-Boote ausgesetzt und die schweren deutschen Küstenbatterien waren meist schon ausser Gefecht gesetzt, als die alliierte Infanterie an Land ging.

Während der folgenden Tage gingen weitere alliierte Infanterie- und Panzerstreitkräfte an Land. Ein Luftgeleitzug, der bei einer einzigen Operation dieser Art Verstärkungen auf der Halbinsel von Cherbourg absetzte, hatte eine Länge von 80 Kilometer.

Die alliierten Landstreitkräfte, die aus britischen, amerikanischen und kanadischen Truppen bestanden, wurden von General Sir Bernard Montgomery kommandiert. Schon einmal stand Montgomery dem Generalfeldmarschall Rommel gegenüber und schlug ihn in Nordafrika.

Unter den an den Landungen beteiligten Schiffen befanden sich britische, amerikanische, französische, polnische und griechische Flottenverbände.

In den Wochen vor Eröffnung der Vierten Front hatten mächtige alliierte Luftflotten strategische Bombardierungen in Deutschland und auf Wehrmachtsanlagen und Verbindungslinien in Frankreich ausgeführt.

Verkehrswege, Flugplätze, Nachschub und Ausrüstung von grösster Wichtigkeit für die deutschen Truppen am Atlantik-Wall wurden systematisch vernichtet oder unbrauchbar gemacht.

Nach Errichtung der Landeköpfe wurden die schweren Luftangriffe fortgesetzt. Alliierte Flugzeuge aller Typen führten von Stützpunkten in England ihre Angriffe durch, kehrten zur Brennstoffeinnahme zurück und stiegen zu neuen Angriffen auf.

Pausenlose Luftangriffe

Das Fehlen des deutschen Luftwiderstandes in den ersten Tagen der Operation wurde von D.N.B. mit „ungünstigen Wetterverhältnissen über der Front" erklärt. Aber diese Wetterverhältnisse konnten die alliierten Luftstreitkräfte nicht daran hindern, Tausende von Einsätzen mit schweren Bombern, mittelschweren Bombern, Jagdflugzeugen, Jagdbombern, Gleitflugzeugen und Transportflugzeugen zu fliegen. Mit der Zunahme des deutschen Widerstandes und mit deutschen Gegenangriffen wird auf alliierter Seite gerechnet.

Churchill berichtete im Unterhaus am 6. Juni zweimal über den Verlauf der Landungen. Er bezeichnete den Verlauf der Operationen, die bereits stattgefunden hatten, als „zufriedenstellend." Über die Zukunft sagte er:

„Die Schlacht, die jetzt begonnen hat, wird an Umfang und Intensität in den kommenden Wochen dauernd zunehmen, und ich will keine Vermutungen über ihren Verlauf anstellen."

Welches Bild die Nazipropaganda dem deutschen Volke von der Stärke des Atlantikwalles gab, zeigte der PK-Bericht Hasso Königers nach einem Besuch der Küste zwischen Cherbourg und Le Havre vor der alliierten Landung: „Das deutsche Trommelfeuer, unter dem der Brückenkopf von Nettuno lag, wird ein schwaches Säuseln sein, verglichen mit dem Orkan der Vernichtung, der über jede anglo-amerikanische Invasionsarmee am Atlantikwall hereinbrechen müsste.

Millionen von Minen wurden als gigantischer Sicherungsgürtel um die Panzerwerke, Stützpunkte und Widerstandsnester des Atlantikwalles gelegt. Mit Bomben aus der Luft lassen sich weder unsere Betonbunker zerschlagen, noch die vielen Kilometer langen Grossminenfelder zusammenwerfen. ‚Bombenteppiche' dieses Umfanges gibt es nicht."

DIE ALLIIERTEN BEFEHLSHABER. *Generaloberst Eisenhower, Oberbefehlshaber der alliierten Expeditionsstreitkräfte (Mitte) mit den anderen Befehlshabern: Luftmarschall Sir Arthur Tedder, Stellvertreter Eisenhowers (links) und General Sir Bernard Montgomery, Befehlshaber der in Frankreich gelandeten Truppen (rechts)*

Herkunft: USA — Juni 1944

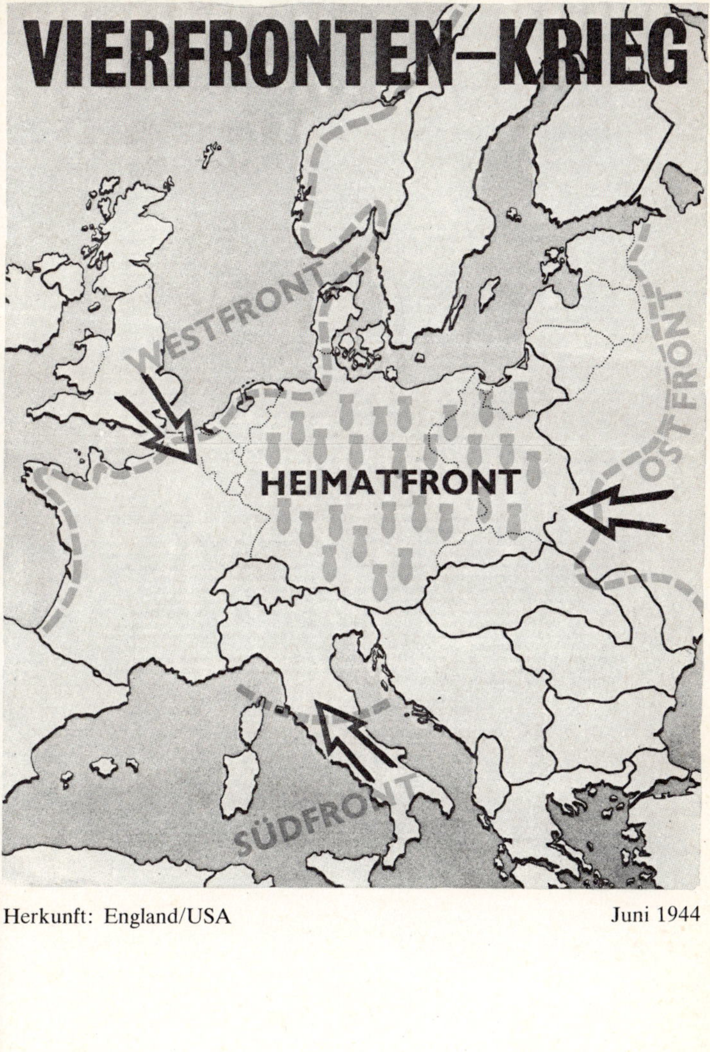

Herkunft: England/USA Juni 1944

OSTFRONT .... HEIMATFRONT .... SÜDFRONT .... und jetzt –

WESTFRONT

1. OSTFRONT

Vor drei Jahren begann Hitler die Invasion Russlands, am selben Tag an dem Napoleon seinen verhängnisvollen Feldzug eröffnete. Am 3. Oktober, 1941, erklärte Hitler: „Dieser Gegner ist bereits gebrochen." Aber wie das Heer Napoleons musste auch das Heer Hitlers den Rückzug antreten. Vor Stalingrad, bei Korsun und auf der Krim wurden ganze Armeen gezwungen, hoffnungslose Stellungen zu halten, um schliesslich aufgerieben zu werden. Heute stehen die Russen nur 500 Kilometer von Königsberg und nur 650 Kilometer von Breslau. Und dagegen hat das OKW nichts weiter unternehmen können, als einen Versuch, die russischen Stellungen nördlich von Jassy zu stören. Jetzt erwarten die russischen Armeen den Befehl zur letzten, entscheidenden Offensive.

2. HEIMATFRONT

Vor vier Jahren erliess Hitler den Tagesbefehl, „Der Krieg im Westen ist beendet," — und begann den totalen Luftkrieg gegen England. Gleichzeitig sollten seine U-Boote die englischen Verbindungslinien durchschneiden. Aber die Luftwaffe wurde geschlagen und England wurde der unversenkbare Flugzeugträger der Alliierten. Jetzt stehen die RAF und die Amerikanische Flugwaffe in der Offensive. Sie haben eine Front eröffnet, wie sie es noch nie gegeben hat: die Front über der deutschen Heimat, wo nach Görings Zusicherungen keine einzige Bombe fallen sollte.

Tag und Nacht, vom Westen und vom Süden her, fliegen Alliierte Luftflotten gegen die deutsche Schwerindustrie, gegen die Flugzeugfabriken, die Ölraffinerien und gegen die inneren Verbindungslinien auf denen der deutsche Verteidigungsplan beruht. Und jetzt kommen die amerikanischen Bomber auch aus dem Osten. Die Lufteinkreisung ist vollendet.

3. SÜDFRONT

In der dritten Woche des Mai nannte man Cassino in Berlin noch eine „uneinnehmbare Festung" und den Landekopf bei Anzio ein „zweites Dünkirchen."

In vier Wochen erstürmten die Alliierten Cassino, brachten der Kesselring'schen Armee Verluste von 40 000 bis 50 000 Mann bei, und nahmen über 18 000 deutsche Gefangene — darunter einen grossen Teil der I. Fallschirmjäger-Division. Sie durchbrachen die Gustav- und Adolf-Hitler Linien, die monatelang ausgebaut worden waren, überrannten deutsche Gebirgsstellungen, die stärker waren als alle künstlichen Befestigungsanlagen und besetzten Rom.

Die deutschen Verbindungslinien waren durch wochenlange und nahezu unbehinderte Luftangriffe gegen Strassen und Eisenbahnen fast völlig abgeschnitten. Gleichzeitig bleiben die alliierten Verbindungswege zu Land und zur See beinahe ungestört. Britische, amerikanische und französische Kriegsschiffe operieren unbehindert an der italienischen Küste und beschiessen die deutschen Stellungen. Und italienische Partisanen, die die deutschen Verbindungslinien nach hinten überfielen, zeigen, wozu Männer imstande sind, die für ihre Freiheit kämpfen.

Die „undurchdringliche" Südfront bricht ebenso zusammen wie die „undurchdringliche" Ostfront und die „undurchdringliche" Heimatfront.

KATASTROPHE IM OSTEN

KATASTROPHE IN DER HEIMAT

KATASTROPHE IM SÜDEN

UND JETZT LANDEN DIE ALLIIERTEN IM WESTEN

DIE VIERTE FRONT IST ERÖFFNET

Z.G. 3

QUARTIERE GENERALE DEL GENERALE ALEXANDER

Messaggio Speciale ai Cittadini di Roma

LE armate Alleate si avvicinano a Roma. La liberazione della Città Eterna è prossima. Voi cittadini di Roma, dovete essere compatti per preservare la vostra città dalla distruzione e sconfiggere i nostri comuni nemici: i Tedeschi ed i Fascisti.

Queste istruzioni vengono dal Quartier Generale del Generale Alexander, Comandante in Capo delle truppe Alleate in Italia, e dal Maresciallo Badoglio. Esse sono tanto nel vostro interesse come nell'interesse degli Alleati.

Fate l'impossibile per prevenire la distruzione della città.

Impedite al nemico di far brillare le mine che egli può aver piazzato sotto i ponti e gli edifici governativi, i Ministeri ed altri stabili della Capitale.

Herkunft: England/USA Juni 1944

[62/2]

Proteggete le centrali telefoniche e telegrafiche, le stazioni radio e le altre linee di comunicazione.

Salvaguardate per il vostro stesso uso i servizi pubblici come gli acquedotti, le centrali elettriche ed i gazometri.

Proteggete le ferrovie, le installazioni ferroviarie e tutti i servizi pubblici di trasporto, come i tram e i filobus.

Nascondete al nemico le vostre riserve alimentari.

Notate dove il nemico ha piazzato delle mine od ordegni di guerra, indicate alle pattuglie Alleate di avanguardia la loro posizione.

Rimuovete dalle strade tutti gli ostacoli, barricate od altre ostruzioni.

Lasciate libere per il passaggio dei veicoli militari le strade e le piazze.

E' vitale per gli Alleati che le truppe possano attraversare Roma senza perdita di tempo per completare la distruzione delle armate tedesche che si ritirano verso il nord

Cittadini di Roma. Questo non è il momento di fare delle dimostrazioni. Ubbidite a queste istruzioni e continuate inoltre il vostro lavoro quotidiano. Roma è vostra! Il vostro compito è di salvare la città. Il nostro è la distruzione del nemico.

Cittadini di Roma.
Queste sono le vostre istruzioni.
Il futuro di Roma è nelle vostre mani!

Feindpropaganda!

NATIONALKOMITEE
Freies Deutschland
UND
BUND DEUTSCHER OFFIZIERE

Deutsches Volk! Deutsche Wehrmacht!

Die Würfel sind gefallen.

Mutige Männer haben sich gegen Hitler erhoben. Mit Empörung sahen sie, daß er seinen verlorenen Krieg auch noch nach Deutschland schleppen will. Aus der Empörung ist der offene Kampf geworden.

Das erste Signal zur Auflehnung gegen Hitlers Befehle gaben an der Ostfront zwanzig Generale, die ihm den Gehorsam verweigerten und mit ihren Truppen die Waffen niederlegten. Einige Generale gaben den Befehl: Schluß mit dem aussichtslosen Blutvergießen.

Nun sind auch in Deutschland verantwortungsbewußte Generale zum Sturm gegen Hitler angetreten.

Das Signal ist gegeben. **Die Empörung des Volkes über die sinnlose Fortsetzung des längst verlorenen Krieges hat in dieser Tat ihren ersten Ausdruck gefunden.** Jetzt muß der Sturm im ganzen Volk entfacht werden. Alle Waffen der Wehrmacht, alle Kraft im Lande zum Einsatz gegen Hitler und seine Mitverschworenen, für die Rettung der Nation!

Hitler gab dem Henker Himmler die Gewalt, diese Vorkämpfer der Befreiung Deutschlands vom Hitlerregime zu vernichten. Diese Gewalt kann nur durch die Gewalt des einigen Volkes gebrochen werden.

Das Volk darf die nicht allein lassen, die zum Kampf gegen Hitler angetreten sind.

Jeder Schlag gegen das Hitlersystem, wer ihn auch führen möge, **ist ein Schlag gegen den Todfeind unserer Nation.**

Jede Tat gegen Hitler und seine Helfer ist eine wahrhaft vaterländische Tat.

Diese Tat allein kann das größte Unglück verhüten, das unserem Volk jetzt droht: die Weiterführung des Krieges und damit der völlige Ruin Deutschlands.

Wer an der Front und in der Heimat noch **einen Befehl Hitlers** oder Himmlers ausführt, hilft Deutschland zerstören.

Alle aber, die gegen die Befehle Hitlers und Himmlers **aufstehen,** ob General oder Grenadier, ob Arbeiter oder Unternehmer, **sind**

Herkunft: UdSSR Juli 1944

Kämpfer für die Rettung Deutschlands. Zu ihnen muß das Volk geschlossen stehen. Ihnen muß das Herz des Volkes gehören.

Jeder muß wissen:

Hitler noch länger an der Macht lassen, heißt Chaos über Deutschland, heißt Krieg im eigenen Lande, heißt Verelendung und Ausblutung des Volkes.

Hitler hat Deutschland in die Sackgasse geführt. Um das Strafgericht von sich und seiner Bande abzulenken, befiehlt er Deutschen, auf Deutsche zu schießen.

Jetzt muß unser Volk beweisen, daß es mit Hitler und seinen Verbrechen nichts gemein haben will.

Der offene Kampf hat begonnen. Das Herz jedes ehrenhaften Deutschen ist mit den Männern, die ihn gewagt haben. Laßt sie nicht im Stich!

Generale, Offiziere, Soldaten an der Front! Stellt den Kampf ein und richtet die Waffen gegen Hitler!

Arbeiter, Angestellte, Unternehmer der Kriegsindustrie! Legt die Rüstungsproduktion still!

Deutsche an der Front und in der Heimat! Schafft die große Einheit im Befreiungskampf gegen Hitler! Verstärkt die Kraft der Wehrmachtgruppen und Volksausschüsse. Hört auf die Befehle derer, die Euch gegen Hitler führen!

Mit ihnen zum Sieg über Hitler!
Mit ihnen zu Freiheit und Frieden!

Nationalkomitee „Freies Deutschland“

Der Präsident:
Erich Weinert

Die Vizepräsidenten:
General der Artillerie **Walther v. Seydlitz**

Generalleutnant **Alexander Edler v. Daniels**

Major (Ing.) **Karl Hetz**

Leutnant **Heinrich Graf v. Einsiedel**

Soldat **Max Emendörfer**

21. Juli 1944

159

FRANÇAIS!

Paris vit des instants éminemment critiques ; — que nous tenions la ville ou qu'elle soit occupée un jour par les Américains et les Anglais ! Instants où la populace tente de s'emparer du pouvoir, instant que chaque citoyen redoute avec une frayeur panique. La racaille spécule sur le temps où les troupes allemandes évacueront Paris et où les troupes alliées ne seront pas encore arrivées. Laps de temps relativement court, mais assez long cependant pour menacer la vie de chaque citoyen.

Paris est encore aux mains des Allemands !

Il est possible que la ville ne soit pas évacuée !

Sous notre protection, elle a connu quatre années de paix relative. Elle demeure pour nous une des villes les plus belles de cette Europe pour laquelle nous combattons ; nous la préserverons du chaos qu'elle a engendré elle-même.

On tire des coups de feu dans Paris

Des éléments criminels s'efforcent de terroriser la ville ! Le sang a coulé, le sang français aussi bien que le sang allemand ! Par des mots d'ordre d'apparence nationale ou nettement communistes, on cherche à soulever la rue et à dresser les citoyens les uns contre les autres. Le foyer de discorde est encore minime, mais il met à l'épreuve jusqu'à la limite du supportable les sentiments d'humanité des troupes allemandes dans Paris.

Il ne serait pas difficile de mettre brutalement fin à tout cela !

STALINE, LUI, AURAIT MIS LE FEU AUX QUATRE COINS DE LA VILLE.

Il nous serait aisé de quitter Paris après avoir fait sauter tous les dépôts, toutes les fabriques, tous les ponts et toutes les gares, et verrouiller la Banlieue aussi hermétiquement que si elle était encerclée. Vu le manque de ravitaillement, d'eau et d'électricité, cela signifierait en moins de vingt-quatre heures une catastrophe épouvantable !

Herkunft: Deutschland — August 1944

Ce n'est pas à vos usurpateurs ni à vos comités rouges que vous le devez de rester préservés de ce sort, pas plus qu'aux troupes américaines et anglaises qui n'avancent que pas à pas et arriveraient trop tard pour vous protéger. Vous le devez aux sentiments d'humanité des troupes allemandes, qu'il ne faudrait pas cependant pousser à bout de patience. Vous le devez à notre amour pour ce foyer merveilleux de la culture européenne, à notre pitié pour les Français raisonnables, pour les femmes et les enfants de Paris ; mais si tout cela n'était pas sacré pour la populace, il n'y aurait plus de raison pour nous montrer tolérants.

Nous mettons en garde une dernière fois les éléments criminels !

Nous exigeons la cessation immédiate et inconditionnée de tout acte d'hostilité envers nous ou entre citoyens.

Nous demandons aux citoyens de Paris de se défendre eux-mêmes contre les terroristes, de soutenir eux-mêmes leurs revendications pour l'ordre et le calme, et de vaquer paisiblement au travail quotidien.

Cela, et cela seulement, peut garantir la vie de la ville, son ravitaillement et sa conservation.

LE COMMANDANT DE LA WEHRMACHT
DU GRAND PARIS

Generalfeldmarschall PAULUS an das deutsche Volk

Deutsche!

Anfang August dieses Jahres sah ich mich durch die Entwicklung der Gesamtlage veranlaßt, aus der mir durch die Kriegsgefangenschaft auferlegten natürlichen Zurückhaltung herauszutreten. Ich fühlte mich meinem Vaterland gegenüber verpflichtet, im Bewußtsein meiner besonderen Verantwortung als Feldmarschall, meinen Kameraden — ja, unserem ganzen Volke zuzurufen, daß es jetzt nur noch einen Weg gibt, der aus der scheinbaren Ausweglosigkeit unserer Lage herausführt:

Trennung von Hitler und Beendigung des Krieges!

Heute wende ich mich zum zweiten Male an meine Kameraden und das ganze deutsche Volk in tiefer Abscheu über die in diesen Tagen durch den Rundfunk im Zusammenhang mit der Errichtung des Volkssturms verbreiteten persönlichen Beschimpfungen eines um unser Volk und Vaterland hochverdienten Mannes, des Eichenlaubträgers, General der Artillerie **Walther von Seydlitz**, der als Kommandierender General des LI. A. K. zu der von mir geführten 6. Armee gehörte. Als ehemaliger Oberbefehlshaber stelle ich vor aller Welt fest:

Es ist eine infame Lüge, wenn der Reichssender behauptet, daß General von Seydlitz vor anderthalb Jahren seine Truppen im Stich gelassen hat und zum Feinde übergelaufen ist!

Herkunft: UdSSR — August 1944

[65/2]

Wahrheit ist vielmehr, daß er, getreu seinem Fahneneid und der in zwei Weltkriegen immer von neuem bewiesenen **persönlichen Tapferkeit und Einsatzbereitschaft,** in den Trümmern der **Stadt Stalingrad bis zuletzt seine** Pflicht getan hat und, nachdem seit Tagen weder Munition noch Verpflegung vorhanden war, ehrenvoll mit den Resten der 6. Armee in Kriegsgefangenschaft geraten **ist.**

Wie ich schon Anfang August sagte, hat die 6. Armee gehorsam den ihr von Hitler gegebenen Befehlen und im ehrlichen Glauben gekämpft, durch ihr Opfer Deutschland zu dienen. Wenn ich damals gewußt hätte, wie wir betrogen worden sind, hätte ich anders gehandelt.

Es ist eine infame Lüge, wenn Herr Himmler behauptet, daß die deutschen Soldaten in russischer Kriegsgefangenschaft unmenschlich behandelt und daß sie mit Peitsche und Genickschuß zur Propaganda gegen ihr eigenes Vaterland gezwungen werden.

Die Wahrheit ist vielmehr: Trotz der zahllosen bestialischen Greueltaten, die, durch Herrn Himmler veranlaßt, an Hunderttausenden wehrloser Männer, Frauen und Kinder — Angehörigen aller Völker — in besetzten Gebieten wie in deutschen Konzentrationslagern verübt worden sind, **werden die deutschen Kriegsgefangenen in der Sowjetunion menschlich und korrekt behandelt.**

Hier in Rußland haben sich vaterlandsliebende deutsche Männer aller Stände in der Bewegung **„Freies Deutschland"** zusammengeschlossen, um unserem Volke den Weg aus allem Elend in eine bessere Zukunft zu weisen und um der Welt zu zeigen, daß das deutsche Volk mit den Verbrechen Hitlers nichts gemein hat. Sie fühlten sich ihrem Volke gegenüber zu dieser Tat verpflichtet. Einer der ersten, die sich mutig zu diesem Entschluß durchrangen, war der **General von Seydlitz.** Das Vertrauen seiner Kameraden hat ihn dann an die Spitze des bald gegründeten Bundes Deutscher Offiziere gerufen. **Völlig freiwillig, nur geleitet von dem heißen Wunsch, dem eigenen Volke in seiner Not zu helfen, haben sich Hunderttausende deutscher Kriegsgefangener dieser Bewegung angeschlossen, darunter Tausende von deutschen Offizieren und über 30 Generale.**

Auch Herr Himmler weiß sehr wohl, daß es sich hier nicht um **gepreßte** ehrlose Subjekte handelt.

Ein Himmler, der durch seine Handlungen unserem **Volke die Ehre** genommen hat, das er jetzt **mit seinem Volkssturm gewissenlos in den Selbstmord treiben will,** hat kein Recht, über **Ehre zu rechten.**

Der Bund Deutscher Offiziere aber, mit dem General von Seydlitz an der Spitze, kämpft in den Reihen der großen Bewegung „Freies Deutschland" **für die Wiederherstellung der Ehre des deutschen Volkes, für seine Freiheit, für den Frieden,** der auch unserem **Volke wieder seinen Platz unter den Nationen bringen wird.**

Moskau 26. 8. 43

Paulus
Generalfeldmarschall
ehem. Oberbefehlshaber der 6. Armee.

21 3

[66] Die Russen haben das Reichsgebiet erreicht

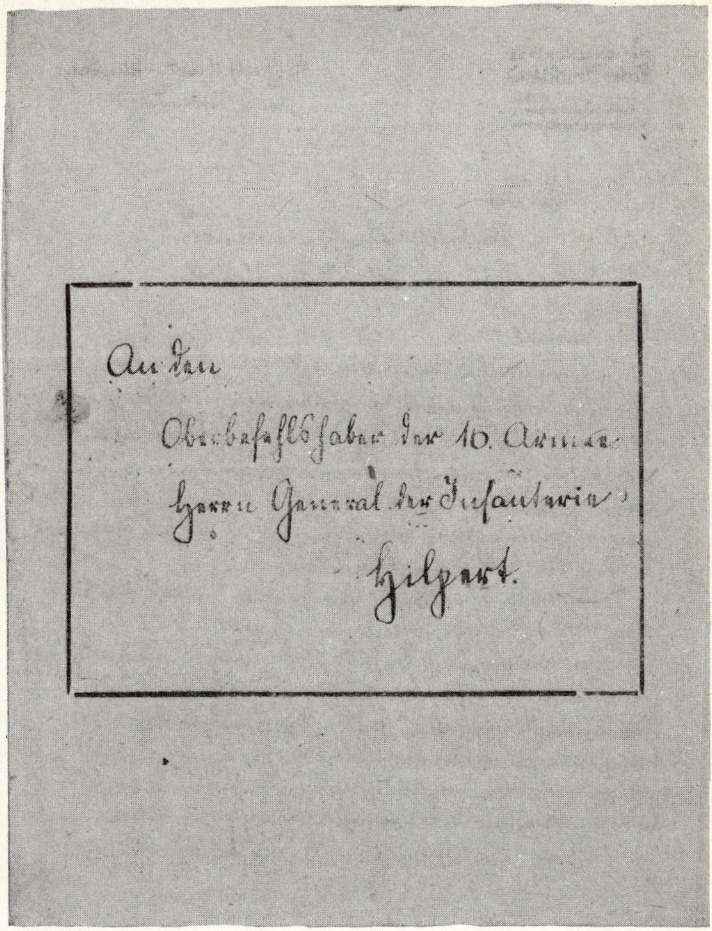

An den

Oberbefehlshaber der 16. Armee

Herrn General der Infanterie

Hilpert.

Herkunft: UdSSR — November 1944

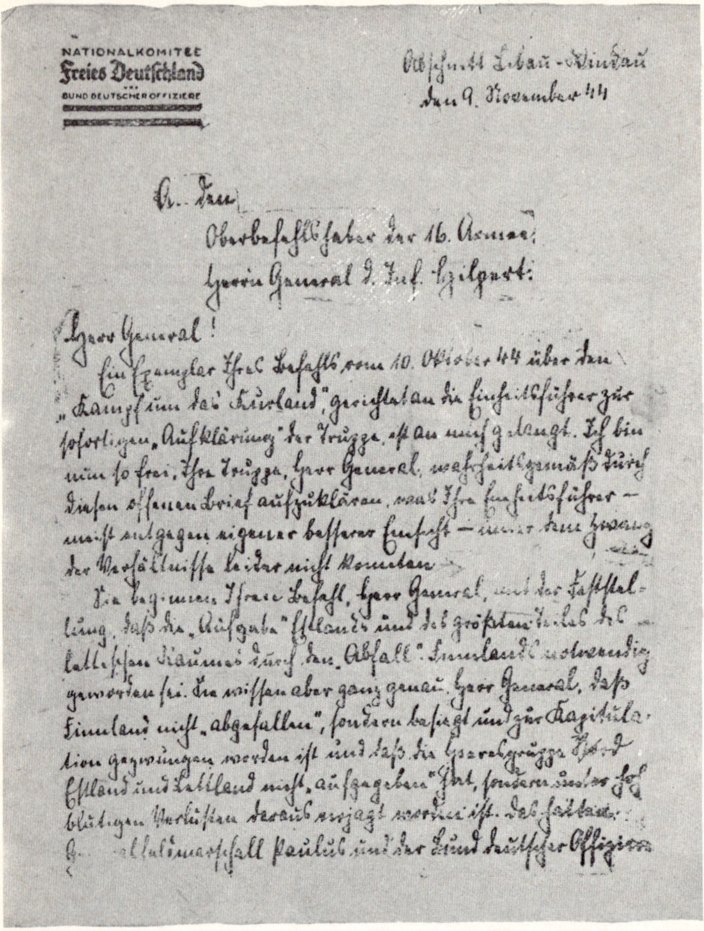

NATIONALKOMITEE Freies Deutschland
BUND DEUTSCHER OFFIZIERE

Abschnitt Libau–Windau
den 9. November 44

An den
Oberbefehlshaber der 16. Armee
Herrn General d. Inf. Hilpert

Herr General!

Ein Exemplar Ihres Befehls vom 10. Oktober 44 über den „Kampf um das Kurland", gerichtet an die Einheitsführer zur sofortigen „Aufklärung" der Truppe, ist an mich gelangt. Ich bin nun so frei, Ihre Truppe, Herr General, wahrheitsgemäß durch diesen offenen Brief aufzuklären, was Ihre Einheitsführer – nicht entgegen eigener besserer Einsicht – unter dem Zwang der Verhältnisse leider nicht konnten.

Sie beginnen Ihren Befehl, Herr General, mit der Feststellung, daß die „Aufgabe" Estlands und des größten Teiles des lettischen Raumes durch den „Abfall" Finnlands notwendig geworden sei. Sie wissen aber ganz genau, Herr General, daß Finnland nicht „abgefallen", sondern besiegt und zur Kapitulation gezwungen worden ist und daß die Heeresgruppe Nord Estland und Lettland nicht „aufgegeben" hat, sondern unter schweren blutigen Verlusten daraus verjagt worden ist. Das hatten Generalfeldmarschall Paulus und der Bund deutscher Offiziere

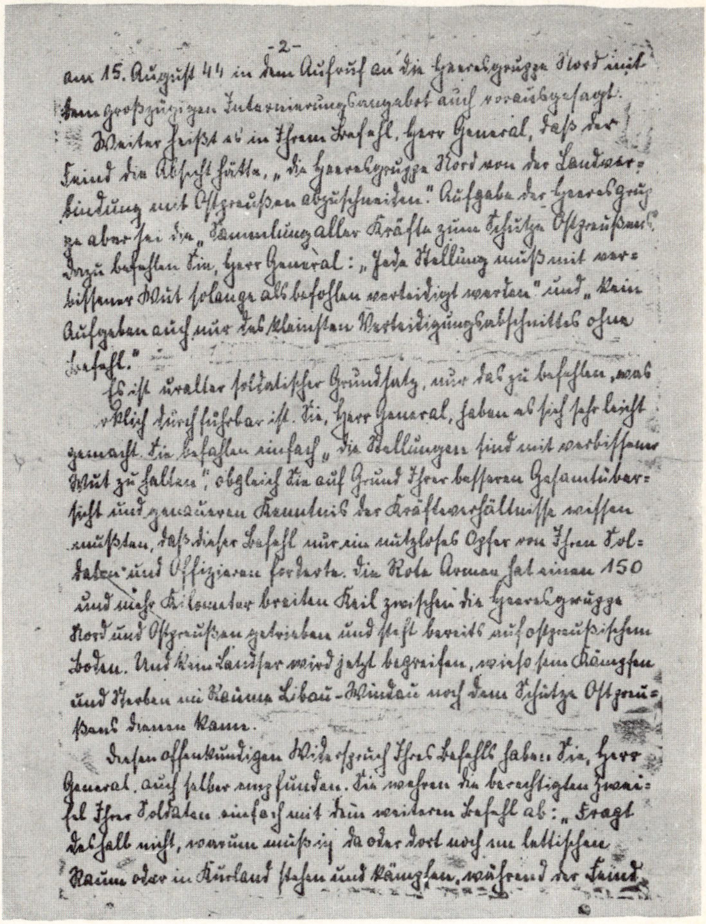

-2-

am 15. August 44 in dem Aufruf an die Heeresgruppe Nord mit dem großzügigen Internierungsangebot auch vorausgesagt.

Weiter heißt es in Ihrem Befehl, Herr General, daß der Feind die Absicht hätte, „die Heeresgruppe Nord von der Landverbindung mit Ostpreußen abzuschneiden." Aufgabe der Heeresgruppe aber sei die „Sammlung aller Kräfte zum Schutze Ostpreußens". Dazu befahlen Sie, Herr General: „Jede Stellung muß mit verbissener Wut solange als befohlen verteidigt werden" und „Kein Aufgeben auch nur des kleinsten Verteidigungsabschnittes ohne Befehl."

Es ist uralter soldatischer Grundsatz, nur das zu befehlen, was wirklich durchführbar ist. Sie, Herr General, haben es sich sehr leicht gemacht. Sie befahlen einfach „die Stellungen sind mit verbissener Wut zu halten", obgleich Sie auf Grund Ihrer besseren Gesamtübersicht und genaueren Kenntnis der Kräfteverhältnisse wissen mußten, daß dieser Befehl nur ein nutzloses Opfer von Ihren Soldaten und Offizieren forderte. Die Rote Armee hat einen 150 und mehr Kilometer breiten Keil zwischen die Heeresgruppe Nord und Ostpreußen getrieben und steht bereits auf ostpreußischem Boden. Und kein Landser wird jetzt begreifen, wieso sein Kämpfen und Sterben im Raume Libau-Windau noch dem Schutze Ostpreußens dienen kann.

Diesen offenkundigen Widerspruch Ihres Befehls haben Sie, Herr General, auch selber empfunden. Sie wehren die berechtigten Zweifel Ihrer Soldaten einfach mit dem weiteren Befehl ab: „Fragt deshalb nicht, warum muß ich da oder dort noch im lettischen Raum oder in Kurland stehen und kämpfen, während der Feind

[66/4]

-3-

Ostpreußen bedroht. Der Führer befiehlt die zu verteidigenden Stellungen — er weiß warum!"

Verzeihen Sie, Herr General, wenn ich freimütig feststelle, daß das eine für Sie sehr bequeme, für Ihre Truppe aber letzten Endes zum Untergang führende Lösung ist. Seit Jahr und Tag sind die Befehle zu stur[em] Durchhalten die einzige Weisheit Hitlers angesichts der für ihn ausweglosen Lage. Seit Jahr und Tag hat die Weitergabe und Befolgung dieser sinnlosen Befehle hundert- und aberhunderttausenden tapferer deutscher Soldaten und Offiziere das Leben gekostet, ohne am Ablauf der Ereignisse auch nur ein Jota zu ändern.

Am Schluß Ihres Befehls stellen Sie, Herr General, die Behauptung auf: „Auf jedem Platz kämpfen wir um Deutschlands Sieg. Es ist deshalb für uns als einzelnen Soldaten gleichgültig, wo wir gerade stehen müssen."

Das sind genau die Worte Hitlers, mit denen er die deutschen Soldaten zwingen will, für seine verlorene Sache auf verlorenem Posten auszuhalten — und zu fallen. Es geht nicht mehr um den Sieg oder um Raum, Herr General, diese Fragen sind längst entschieden. Es handelt sich auch nicht um die Verteidigung der Heimat, denn Deutschland will kein Mensch [illegible] oder vernichten. Der Krieg, den Hitler leichtfertig und frevelhaft entfesselte, richtet sich einzig und allein gegen ihn und sein schuldbeladenes Gewaltsystem. Mit Hitler geht es zu Ende. Um ein Kurzes hinauszuschieben will Hitler jetzt Volk und Wehrmacht opfern. Der Kampf Ihrer Soldaten, Herr General, hilft also nur, Deutschland vollends zu zerstören und die Lebensgrundlagen der Nation zu vernichten, statt sie für die Zukunft zu erhalten.

-4-

Deshalb wäre es Ihre heilige Pflicht, Herr General, sich von Hitler, dem Verderber unseres Volkes, zu trennen, die Einstellung der Kampfhandlungen zu befehlen und mit uns Verbindung aufzunehmen. Ihre gegenwärtige Lage erleichtert Ihnen den Entschluss hierzu. Hitler und Himmler können keinen Zwang mehr auf Sie ausüben.

Noch hat das großzügige Internierungsangebot des Oberkommandos der Roten Armee für die gesamten Truppen der Wehrmacht im Raume Libau – Windau Gültigkeit, wie Ihnen erneut mitgeteilt ist. Ich gebe die Bedingungen hiermit auch Ihren Soldaten und Offizieren bekannt:

Das Oberkommando der Roten Armee hat dem Generalfeldmarschall Paulus und dem gesamten Bund deutscher Offiziere folgende Bedingungen für die Einstellung der Kampfhandlungen seitens der Heeresgruppe Nord zugesichert:

1.) Die deutsche Heeresgruppe Nord verpflichtet sich, für die Kriegsdauer nicht mehr gegen die Rote Armee zu kämpfen, ebenso wird die Rote Armee keine Kampfhandlungen mehr gegen die Heeresgruppe Nord durchführen.

2.) Die Truppen der Heeresgruppe Nord bleiben unter ihren Führern in geschlossenen Verbänden zusammen und werden in einem vom Oberkommando der Roten Armee zu bestimmenden Raume untergebracht. Dem gesamten Personalbestand der sich ergebenden Truppen werden Uniform, Rangabzeichen und Orden, persönliches Eigentum und Wertsachen belassen.

3.) Das Oberkommando der Heeresgruppe Nord verpflichtet sich, alle schweren Waffen, das Kriegsgerät und anderes Material,

-5-

sowie Versorgungsgüter aller Art in unzerstörtem Zustande der Roten Armee zu übergeben. Die Verpflegungsbestände und die Feldküchen bleiben im Besitz der deutschen Truppe und dienen zu ihrer eigenen Versorgung.

Zerstörungen jeder Art, insbesondere von Unterkünften, Kunstbauten und Betrieben, unterbleiben.

4.) Alle Vorgesetzten verpflichten sich, die restlose Einstellung der Kampfhandlungen mit allen Mitteln zu erzwingen.

5.) Die erforderlichen Durchführungsbestimmungen werden in weiteren Abmachungen festgelegt.

Voraussetzung ist, daß diese Bedingungen von Ihnen, Herr General, angenommen werden, bevor Ihre Truppen durch die Übermacht der Roten Armee zur Waffenstreckung gezwungen werden oder der Kampf zu ihrer Vernichtung begonnen hat.

Die sofortige Annahme, Herr General, wäre eine wahrhaft nationaler Entschluß und eine mannhafte Tat.

Hans Günther van Hooven.

Oberst,
zuletzt Nachrichtenführer der 6. Armee,
Vizepräsident des Bundes deutscher Offiziere
Landesbevollmächtigter der Bewegung
„Freies Deutschland"
am Frontabschnitt Libau – Windau.

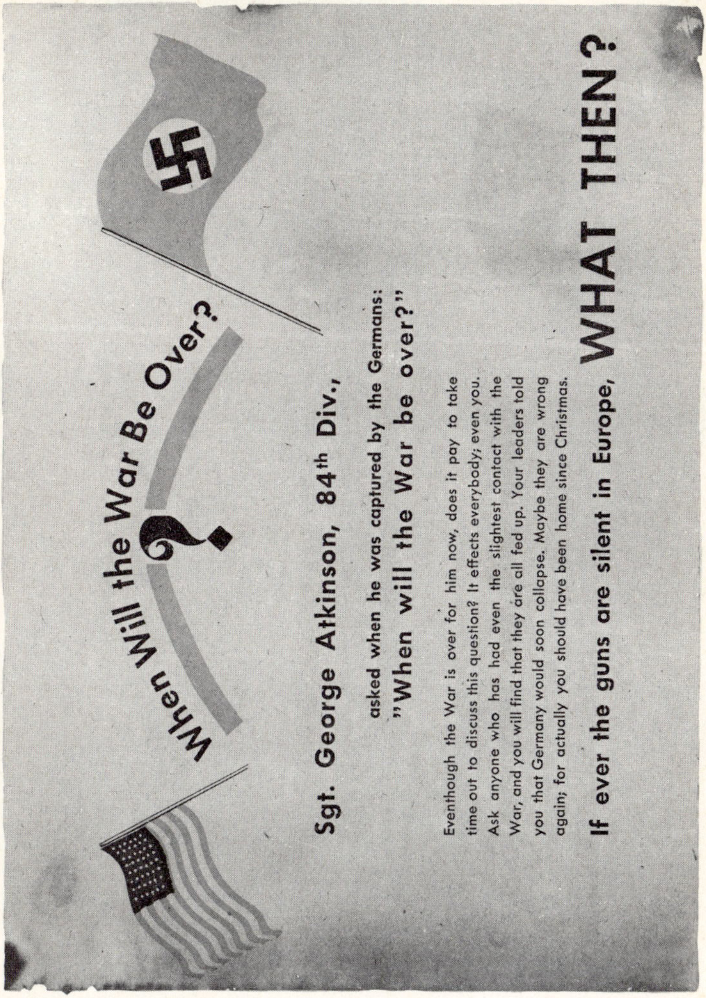

Herkunft: Deutschland Dezember 1944

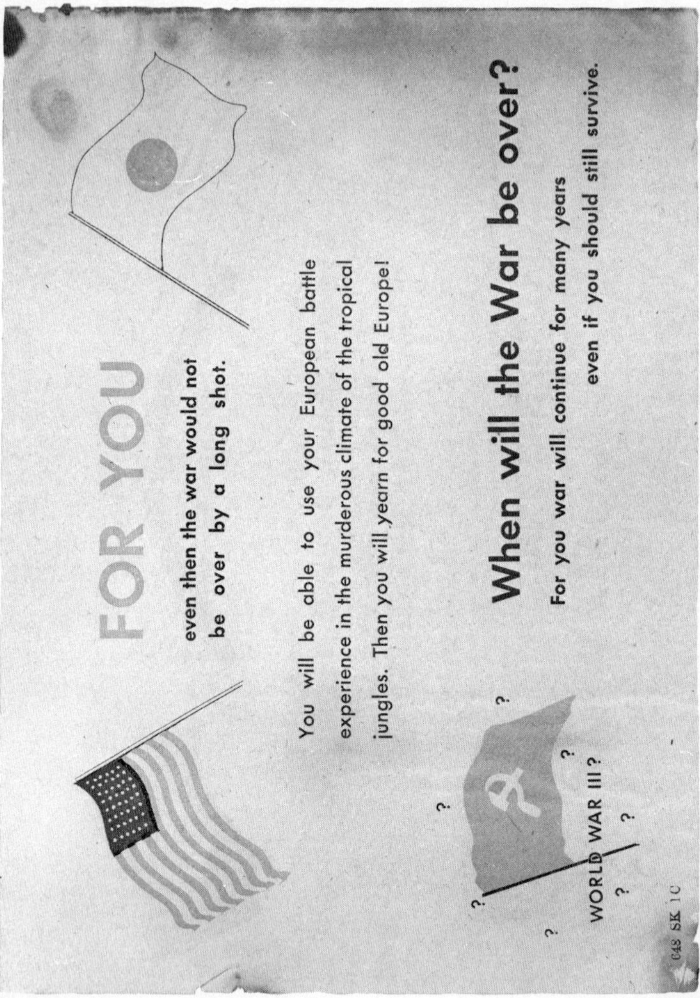

FOR YOU

even then the war would not be over by a long shot.

You will be able to use your European battle experience in the murderous climate of the tropical jungles. Then you will yearn for good old Europe!

When will the War be over?

For you war will continue for many years even if you should still survive.

WORLD WAR III ?

048 SK 1C

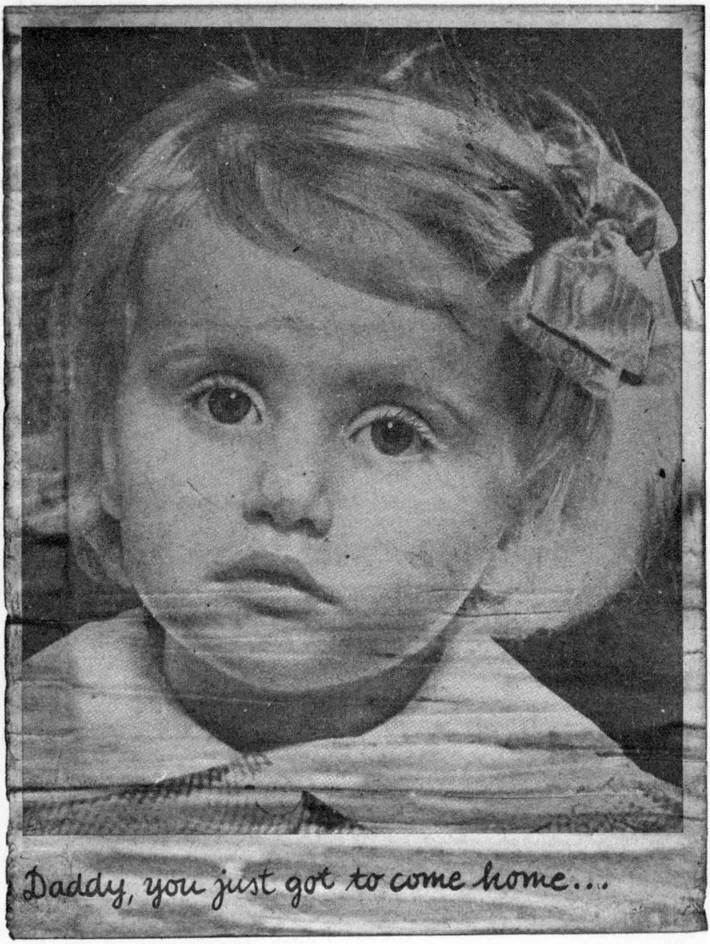

Herkunft: Deutschland | Dezember 1944

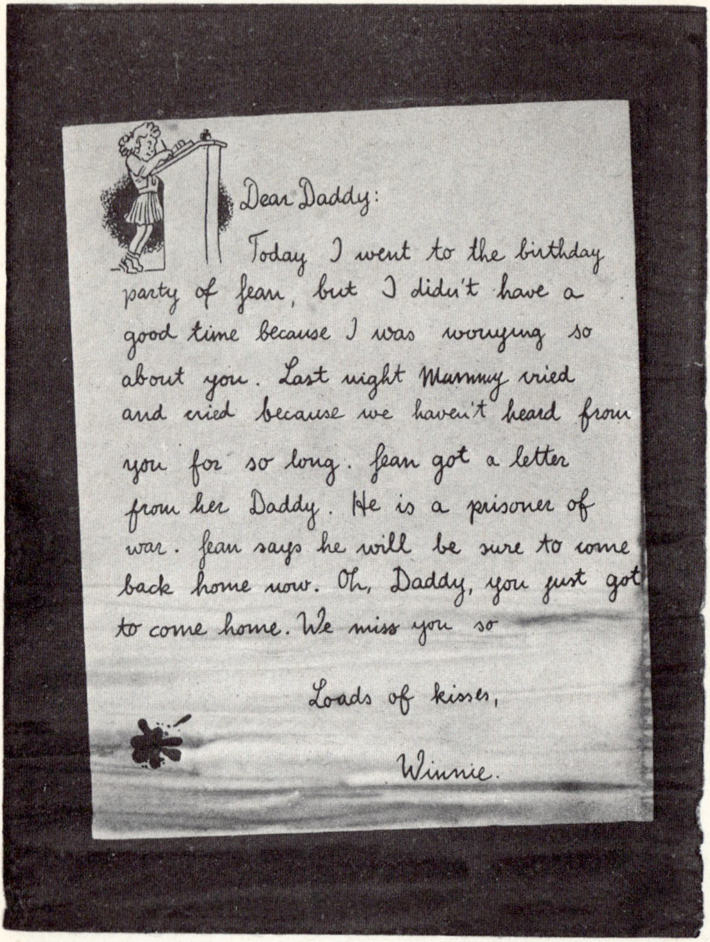

Dear Daddy:

Today I went to the birthday party of Jean, but I didn't have a good time because I was worrying so about you. Last night Mummy cried and cried because we haven't heard from you for so long. Jean got a letter from her Daddy. He is a prisoner of war. Jean says he will be sure to come back home now. Oh, Daddy, you just got to come home. We miss you so

Loads of kisses,

Winnie.

Herkunft: Deutschland Dezember 1944

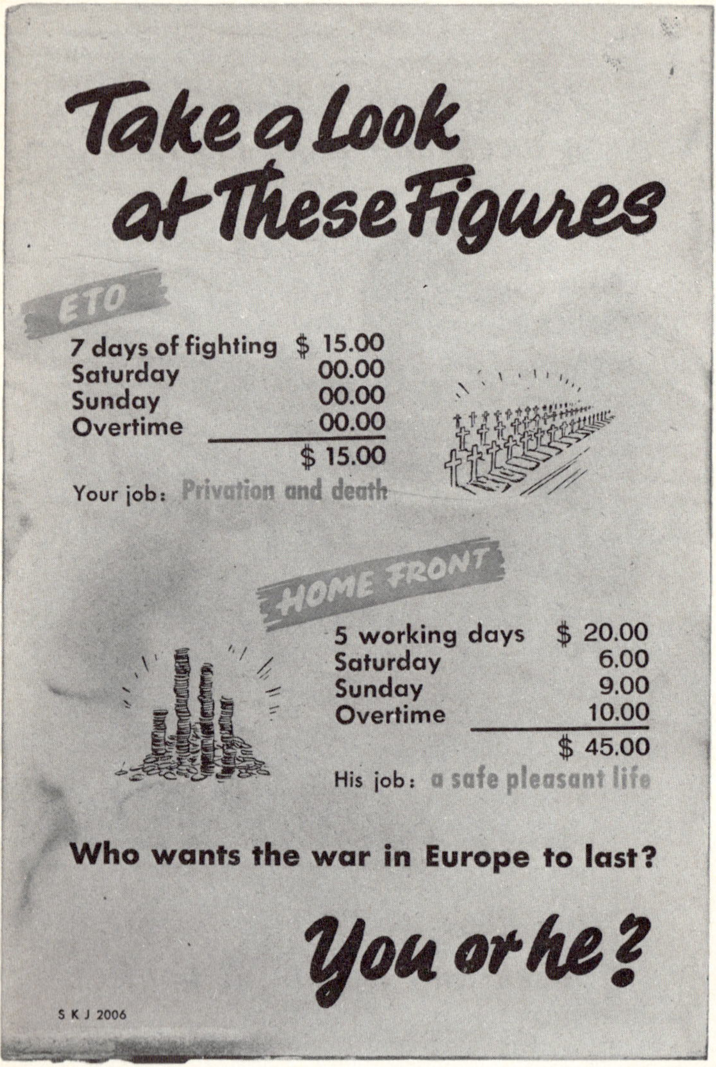
Take a Look at These Figures
ETO
7 days of fighting $ 15.00
Saturday 00.00
Sunday 00.00
Overtime 00.00
$ 15.00
Your job: Privation and death
HOME FRONT
5 working days $ 20.00
Saturday 6.00
Sunday 9.00
Overtime 10.00
$ 45.00
His job: a safe pleasant life
Who wants the war in Europe to last?
You or he?
S K J 2006

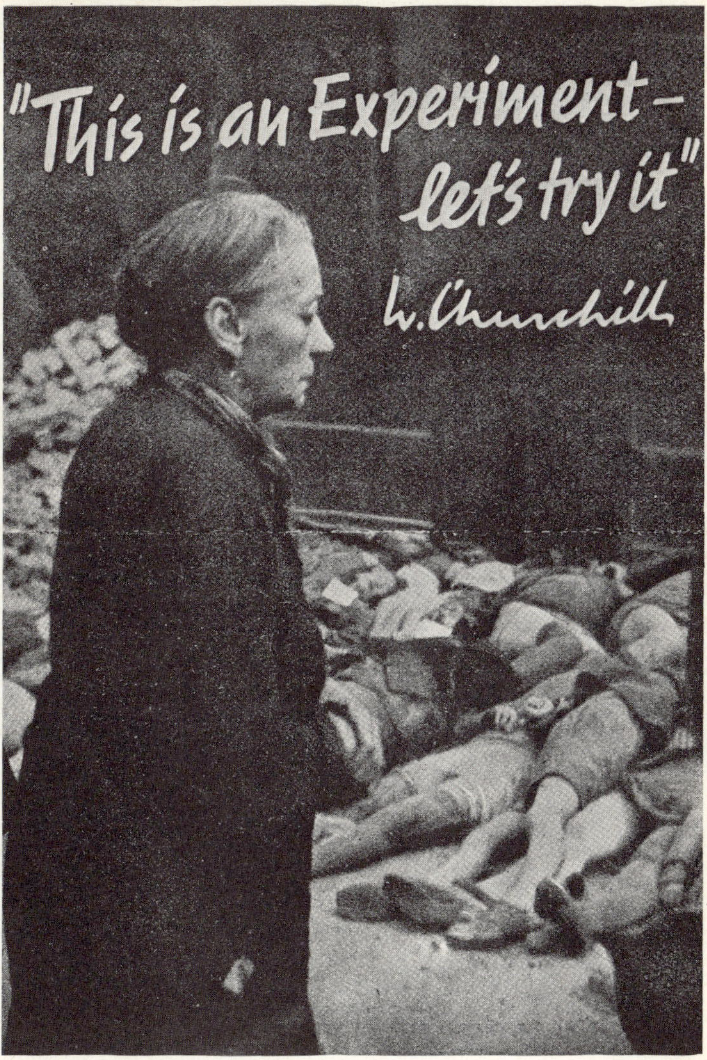

Herkunft: Deutschland Ende 1944

The victims: Women, children and old folks (Hamburg, July 27/28th, 1943)

"There are numbers of tenderhearted people who do not wish to see Berlin bombed, or common Germans experiencing any of the miseries that they have allowed their Government to inflict on other nations.

I am convinced that vigorous bombing, bombarding, town wrecking, and the like would be an entirely wholesome and chastening experience for them. ... let the Germans take their medicine now."

Don Iddon "Daily Mail", Jan. 26th, 1940
Citing H. G. Wells from the Am. Magazine "Liberty"

"Anyone who kills Germans is my best friend."

Captain H. H. Balfour, Under-Secretary for Air. "The Times", Dez. 1st., 1941

... that the Germans will scream for mercy."

Air Marshall A. T. Harris, in an interview with Mr. Trevor Smith, London editor of the Sydney Sun. "Daily Telegraph", Mai 6th, 1942

"What she has had in the past we can assure her will be chicken-feed compared with what she is going to get just as long as she persists in her aggression."

Air Chief Marshall Sir Arthur Harris. "The Times", Mai 31st, 1943

The victims of the terror-raid on Cologne, July 27/28th, 1943

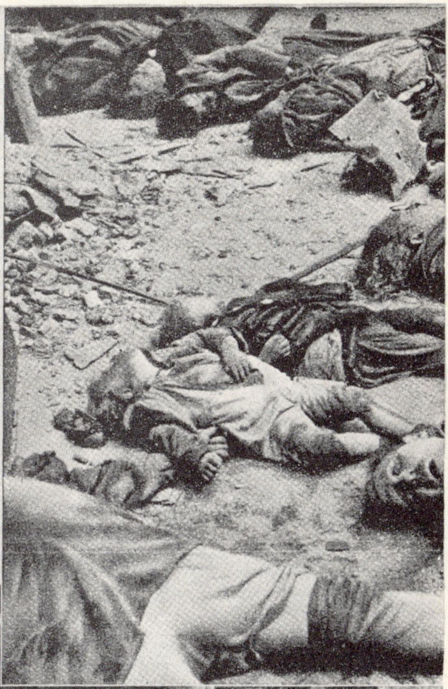

"We are bombing Germany, city by city, and ever more terribly, in order to make it impossible for you to go on with the war. That is our object. We shall pursue it remorselessly. City by city: Lübeck, Rostock, Cologne, Emden, Bremen, Wilhelmshaven, Duisburg, Hamburg — and the list will grow longer and longer. Let the Nazis drag you down to disaster with them if you will. That is for you to decide."

Air Marshall Sir Arthur Harris, Commander-in-Chief.
"The Times", July 29th, 1942

The victims: Women, children, old folks — terror-raid on Hamburg, July 27/28th, 1943

Murder! Victims of the RAF — women, children and old folks! Cologne, June 28/29th, 1943

As early as 1933 and several times in 1935 Adolf Hitler suggested an international pact with a view to make an air war on the civilian population impossible. The British Government turned down his proposals.

On May 10, 1940, the RAF. began the air war against civilians with a raid on the open town of Freiburg, although the German air force had never carried out a single raid on a town on the British Isles. 57 civilians, including 20 children, died in that attack on Freiburg. After that, more and more German towns were bombed by the Bomber Command. The German air attacks on Warsaw and Rotterdam could never be recognized as a pretext for these British attacks, because both cities then lay in the front line and were defended militarily by enemy troops.

In spite of the foregoing facts, the Luftwaffe did not hit back at once, but instead, Adolf Hitler gave a warning as to the consequences of the British bombing policy. It was not until September, 1940, that the Luftwaffe began to attack British towns.

E — 120

Passierschein

Der deutsche Soldat, der diesen Passierschein vorzeigt, benutzt ihn als Zeichen seines ehrlichen Willens, sich zu ergeben. Er ist zu entwaffnen. Er muß gut behandelt werden. Er hat Anspruch auf Verpflegung und, wenn nötig, ärztliche Behandlung. Er wird so bald wie möglich aus der Gefahrenzone entfernt.

OBERBEFEHLSHABER
der alliierten Expeditions-Armeen

Englische Übersetzung nachstehend. Sie dient als Anweisung an die alliierten Vorposten.

SAFE CONDUCT

The German soldier who carries this safe conduct is using it as a sign of his genuine wish to give himself up. He is to be disarmed, to be well looked after, to receive food and medical attention as required, and to be removed from the danger zone as soon as possible.

SUPREME COMMANDER,
Allied Expeditionary Force

Herkunft: England/USA 1944/1945

Grundsätze des Kriegsgefangenenrechts

(Laut Haager Konvention 1907, Genfer Konvention 1929)

1. Vom Augenblick der Übergabe an gelten deutsche Soldaten* als Kriegsgefangene und unterstehen dem Schutz der Genfer Konvention. Demgemäß wird ihre Soldatenehre vollstens respektiert.

2. Kriegsgefangene haben so bald wie möglich zu Sammelstellen gebracht zu werden, die weit genug von der Gefahrenzone entfernt sind, um ihre persönliche Sicherheit zu gewährleisten.

3. Sie erhalten dieselbe Verpflegung in Qualität und Quantität wie Angehörige der alliierten Heere und werden, falls krank oder verwundet, in denselben Lazaretten behandelt wie alliierte Truppen.

4. Ehrenzeichen und Wertsachen sind den Kriegsgefangenen zu belassen. Geld kann nur von Offizieren der Sammelstellen abgenommen werden, wofür eine Empfangsbescheinigung ausgestellt wird.

5. In den Kriegsgefangenenlagern haben Schlafräume, Raumverteilung der Unterkunft, Bettstellen und sonstige Anlagen denen der alliierten Garnisonstruppen gleichwertig zu sein.

6. Laut Genfer Konvention dürfen Kriegsgefangene weder Gegenstand von Repressalien, noch der öffentlichen Neugierde preisgegeben werden. Nach Kriegsende werden sie so bald wie möglich nach Hause zurückgeschickt.

---

* Als Soldaten gelten auf Grund der Haager Konvention (IV, 1907): Alle bewaffneten Personen, die Uniform oder ein von Weitem erkennbares Abzeichen tragen.

REGELN FÜR DIE GEFANGENNAHME:

Um Missverständnisse bei der Gefangennahme auszuschliessen, ist folgendes angezeigt: Waffen weglegen, Helm und Koppel herunter; Hände hochheben und ein Taschentuch oder dieses Flugblatt schwenken.

US/GB-ZG61.A. ·1944

Passierschein

Der deutsche Soldat, der diesen Passierschein vorzeigt, benutzt ihn als Zeichen seines ehrlichen Willens, sich für die nächsten 10 Jahre in Gefangenschaft zu begeben, seine Heimat zu verraten, als alter, gebrochener Mann heimzukehren oder seine Eltern, Frau und Kinder niemals wiederzusehen

OBERBEFEHLSHABER
der alliierten Expeditions-Armeen

Englische Übersetzung nachstehend. Sie dient als Belehrung für die alliierten Truppen.

SAFE CONDUCT

The German soldier who carries this safe conduct is using it as a sign of his genuine wish to go into captivity for the next ten years, to betray his fatherland, to return home a broken old man and very probably never to see his parents, wife and children again.

SUPREME COMMANDER,
Allied Expeditionary Force

PLEASE TURN OVER

Herkunft: Deutschland 1944/1945

[72/2]

DEAR FRIENDS:

We are returning your age old dodge, after having made the necessary rectifications, with sincerest thanks. It was highly amusing, and we must commend you on your efforts.

But please refrain from molesting us further in this direction.

It should be obvious to you that the ideals for which 90 Million Germans have fought (according to Churchill) "like lions" for over five years cannot be so very rotten that we could be lured into surrender through mere ham and eggs.

Hoping that we can rely on your sagacity to comprehend, we remain as of old, with

Heil Hitler!

Hard times, what?

Herkunft: Deutschland 1944/1945

MILITÄRREGIERUNG—DEUTSCHLAND

KONTROLLGEBIET DES OBERSTEN BEFEHLSHABERS

PROKLAMATION Nr. 1

AN DAS DEUTSCHE VOLK :

Ich, General Dwight D. Eisenhower, Oberster Befehlshaber der Alliierten Streitkräfte gebe hiermit Folgendes bekannt:

I

Die Alliierten Streitkräfte, die unter meinem Oberbefehl stehen, haben jetzt deutschen Boden betreten. Wir kommen als ein siegreiches Heer; jedoch nicht als Unterdrücker. In dem deutschen Gebiet, das von Streitkräften unter meinem Oberbefehl besetzt ist, werden wir den Nationalsozialismus und den deutschen Militarismus vernichten, die Herrschaft der Nationalsozialistischen Deutschen Arbeiterpartei beseitigen, die NSDAP auflösen sowie die grausamen, harten und ungerechten Rechtsätze und Einrichtungen, die von der NSDAP geschaffen worden sind, aufheben. Den deutschen Militarismus, der so oft den Frieden der Welt gestört h: t, werden wir endgültig beseitigen. Führer der Wehrmacht und der NSDAP, Mitglieder der Geheimen Staats-Polizei und andere Personen, die verdächtigt sind, Verbrechen und Grausamkeiten begangen zu haben, werden gerichtlich angeklagt und, falls für schuldig befunden, ihrer gerechten Bestrafung zugeführt.

II

Die höchste gesetzgebende, rechtsprechende und vollziehende Machtbefugnis und Gewalt in dem besetzten Gebiet ist in meiner Person als Oberster Befehlshaber der Alliierten Streitkräfte und als Militär-Gouverneur vereinigt. Die Militärregierung ist eingesetzt, um diese Gewalten unter meinem Befehl auszuüben. Alle Personen in dem besetzten Gebiet haben unverzüglich und widerspruchslos alle Befehle und Veröffentlichungen der Militärregierung zu befolgen. Gerichte der Militärregierung werden eingesetzt, um Rechtsbrecher zu verurteilen. Widerstand gegen die Alliierten Streitkräfte wird unnachsichtlich gebrochen. Andere schwere strafbare Handlungen werden schärfstens geahndet.

III

Alle deutschen Gerichte, Unterrichts-und Erziehungsanstalten innerhalb des besetzten Gebietes werden bis auf Weiteres geschlossen. Dem Volksgerichtshof, den Sondergerichten, den SS-Polizei-Gerichten und anderen ausserordentlichen Gerichten wird überall im besetzten Gebiet die Gerichtsbarkeit entzogen. Die Wiederaufnahme der Tätigkeit der Straf-und Zivilgerichte und die Wieder-Eröffnung der Unterrichts- und Erziehungsanstalten wird genehmigt, sobald die Zustände es zulassen.

IV

Alle Beamte sind verpflichtet, bis auf Weiteres auf ihren Posten zu verbleiben und alle Befehle und Anordnungen der Militärregierung oder der Alliierten Behörden, die an die deutsche Regierung oder an das deutsche Volk gerichtet sind, zu befolgen und auszuführen. Dies gilt auch für die Beamten, Arbeiter und Angestellten sämtlicher öffentlichen und gemeinwirtschaftlichen Betriebe, sowie für sonstige Personen, die notwendige Tätigkeiten verrichten.

DWIGHT D. EISENHOWER

General, Oberster Befehlshaber, Alliierte Streitkräfte

WG12

Herkunft: England/USA 1944/1945

Deutsches Flugblatt!

Rückkämpfer! Wir zeigen Dir den Weg zu uns!

SKW 001

Diese Karte will Dir helfen, zu den deutschen Linien zurückzufinden!

Kamerad!

Wir haben in den letzten Wochen im Osten große Gebiete aufgeben müssen. Aber der Kampf gegen die bolschewistischen Horden geht mit einer noch größeren Verbissenheit und einem noch wilderen Fanatismus weiter.

Du siehst selbst, wie die bolschewistischen Unmenschen in unserer Heimat wüten. Schöpfe daraus die Kraft, Dich niemals aufzugeben und mit allen Mitteln zu versuchen, wieder zu unseren Linien zu kommen, um den Bolschewisten das mit Zins und Zinseszins heimzuzahlen, was sie uns in den von ihnen vorübergehend besetzten deutschen Ostgebieten angetan haben.

Obige Karte soll Dir den gegenwärtigen Verlauf der HKL. zeigen. Straßen, Eisenbahnen und Waldgebiete sind besonders deutlich kenntlich gemacht. Benutze sie, um Dich nach Westen durchzuschlagen.

Wir warten auf Dich! Halte die Ohren steif! Du wirst es schon schaffen!

Herkunft: Deutschland 1945

Marschall STALIN
über Deutschlands Zukunft

Die Sowjettruppen, die am 12. Januar ihre Offensive am Weichselbrückenkopf begonnen, haben die deutschen Truppen im Vorgelände Schlesiens zerschmettert und nach Weiteraufrollung ihrer Offensivoperationen fast ganz Ober- und Niederschlesien besetzt und die Oder, das letzte natürliche Hindernis auf den Wegen ins Herz Deutschlands — nach Sachsen und Brandenburg — überschritten.

Der Verlust Schlesiens — der Hauptbasis der deutschen Rüstungsindustrie — ist gleichbedeutend mit der Entwaffnung der deutschen Wehrmacht.

Die Rote Armee besetzte ferner ganz Ostpreußen und Pommern. Die in die Zange genommenen Ueberreste der deutschen Divisionen im Raum Danzig und Königsberg stehen vor ihrer unmittelbaren Vernichtung.

Die deutsche Wehrmacht hat eine völlige und nicht wiedergutzumachende Katastrophe erlitten.

Heute ist es jedem deutschen Soldaten klar, daß Widerstand gegen die vielfach überlegene Rote Armee zwecklos ist, daß Hitler den Krieg endgültig verloren hat.

Was aber wird aus dem deutschen Volke, aus Deutschland? Diese Frage bewegt heute jeden deutschen Soldaten und Offizier.

Die Hitlerleute betrügen Euch, wenn sie Euch mit den angeblichen Greueln der Besetzung schrecken, wenn sie Euch glauben machen wollen, dem deutschen Volke drohe völlige Vernichtung. All diese Lügen brauchen die Nazis, um Euch zum Verzweiflungskampf aufzustacheln, um sich noch an der Macht zu halten, um Euch zur Verlängerung ihres elenden Daseins in den Tod zu schicken.

Lest, was Marschall Stalin über das Verhältnis des Sowjetvolkes zu den Deutschen und über die Außenpolitik der Sowjetunion sagt:

> **„Manchmal wird darüber geschwätzt, daß die Rote Armee das Ziel habe, das deutsche Volk auszurotten und den deutschen Staat zu vernichten. Das ist natürlich eine dumme Lüge und eine törichte Verleumdung der Roten Armee. Solche idiotischen Ziele hat die Rote Armee nicht und kann sie nicht haben ...**
>
> **Die Stärke der Roten Armee besteht darin, daß sie keinen Rassenhaß gegen andere Völker, auch nicht gegen das deutsche Volk hegt und hegen kann, daß sie im Geiste der Gleichberechtigung aller Völker und Rassen, im Geiste der Achtung der Rechte anderer Völker erzogen ist."**

(Aus Stalins Befehl Nr. 55 vom 23. Februar 1942.)

Bei seinem Auftreten am 6. November 1944 unterstrich Marschall Stalin aufs neue, daß

> **„die Völker der Sowjetunion die Rechte und die Unabhängigkeit der Völker außerhalb unseres Landes achten und stets ihre Bereitschaft bewiesen haben, mit den Nachbarstaaten in Frieden und Freundschaft zu leben. Darin ist die Grundlage der wachsenden und erstarkenden Verbindungen unseres Staates mit den freiheitliebenden Völkern zu erblicken."**

(Aus Stalins Bericht vom 6. November 1944).

Herkunft: UdSSR — März 1945

[76/2]

Marschall Stalin betonte wiederholt, daß die Rote Armee und das Sowjetvolk keinen Rassenhaß gegen die Deutschen hegen. Deshalb haben allein Hitler und seine nazistische Kriegsverbrecherclique, denen schwere Strafe droht, den bereits nahen Sieg der Roten Armee zu fürchten. Darum belügen sie Euch, mit den „Schrecken", die der Einmarsch der Roten Armee in Deutschland angeblich mit sich bringe.

Marschall Stalin betonte gleichfalls des öfteren, **daß Hitler und Deutschland nicht ein und dasselbe sind.**

> **‚Es wäre lächerlich, die Hitlerclique dem deutschen Volke, dem deutschen Staate gleichzusetzen. Die Erfahrungen der Geschichte besagen, daß die Hitler kommen und gehen, aber das deutsche Volk, der deutsche Staat bleibt."**
>
> (Aus Stalins Befehl Nr. 55 vom 23. Februar 1942.)

Marschall Stalin hat dem deutschen Volke schon seit langem gezeigt, worin es seine Rettung finden kann:

> **„Der Krieg hat dem deutschen Volke große Enttäuschungen, Millionen von Menschenopfern, Hunger und Verelendung gebracht. Das Ende des Krieges ist nicht abzusehen, die Menschenreserven aber gehen zu Ende, das Erdöl geht zu Ende, die Rohstoffe gehen zu Ende. Im deutschen Volk reift immer mehr die Erkenntnis heran, daß die Niederlage Deutschlands unvermeidlich ist. Für das deutsche Volk wird es immer klarer, daß der einzige Ausweg aus der geschaffenen Lage darin besteht, Deutschland von der Abenteurerclique Hitler—Göring zu befreien."**
>
> (Aus Stalins Befehl Nr. 130 vom 1. Mai 1942.)

Das sind Stalins-Worte über das deutsche Volk und den deutschen Staat.

Das ist die Wahrheit.

Deutsche Soldaten und Offiziere!

Statt den Lügenmärchen der Hitlerpropaganda über angebliche Schrecken der Niederlage Glauben zu schenken, macht Euch lieber den Sinn der Worte Marschall Stalins klar, die Euch den Weg der Rettung zeigen.

Macht Schluß mit Hitler! Macht Schluß mit dem Krieg!

Gebt Euch geschlossen einheits- und gruppenweise gefangen!

Nur so könnt Ihr am Leben bleiben und das Schicksal Eurer Familien und Eurer Heimat erleichtern.

Dieses Flugblatt gilt als Passierschein für deutsche Soldaten und Offiziere, die sich der Roten Armee gefangengeben

Эта листовка служит пропуском для немецких солдат и офицеров при сдаче в плен Красной Армии

1454 — 21. 3. 45

EXTRABLATT
Sonnabend, 5. Mai 1945

NACHRICHTEN FÜR DIE TRUPPE

SCHLUSS!

Deutsche Armeen in Holland, Dänemark und NW-Deutschland kapitulieren bedingungslos

ALLE deutschen Streitkräfte in Nordwest-Deutschland, Holland und Dänemark, einschliesslich Helgoland und der Friesischen Inseln, haben sich bedingungslos ergeben.

Offiziell trat die Einstellung der Feindseligkeiten Sonnabend früh um 8 Uhr in Kraft, aber überall hatten die Truppen schon lange vorher Schluss gemacht und ihre Waffen niedergelegt.

Das amtliche Communiqué der Alliierten, das am Freitag um 20 Uhr 15 ausgegeben wurde, lautet:

„Feldmarschall Montgomery hat dem Alliierten Oberbefehlshaber gemeldet, dass alle feindlichen Streitkräfte in Holland, Nordwestdeutschland und Dänemark, einschliesslich Helgoland und der Friesischen Inseln sich der 21. Armeegruppe mit Wirkung ab Sonnabend 8 Uhr doppelter britischer Sommerzeit ergeben haben."

Die deutsche Abordnung wurde geführt von Admiral Hans Georg von Friedeburg, Kommandierender Admiral der U-Boote und rechte Hand von Grossadmiral Dönitz. Admiral von Friedeburg hat auch die Kapitulation unterzeichnet. Für die Alliierten unterzeichnete Feldmarschall Montgomery.

Die Kapitulation gegenüber Feldmarschall Montgomery im Norden entspricht in allen Einzelheiten der Waffenstreckung von Generaloberst von Vietinghoff mit allen Truppen in Norditalien und im westlichen Österreich gegenüber Feldmarschall Sir Harold Alexander.

Nach dieser zweiten Kapitulation jetzt auch im Norden stehen deutsche Truppen, abgesehen von den wenigen abgeschnittenen Stützpunkten an der französischen Küste und im Mittelmeer, nirgendwo mehr in Kampffühlung mit den Anglo-Amerikanern.

Es wird angenommen, dass Admiral von Friedeburg mit dem Einverständnis von Grossadmiral Dönitz handelte, der sich mittlerweile mit den Mitgliedern seines Rumpfkabinetts laut Berichten aus Dänemark nach Norwegen begeben hat.

Die schwedische Regierung hat alle Vorbereitungen getroffen für einen Massenübertritt deutscher Truppen in Norwegen auf schwedisches Gebiet.

Wortlaut der Kapitulation

Alle deutschen Streitkräfte in Holland, Dänemark, Nordwest-Deutschland, einschliesslich der Friesischen Inseln und Helgoland und aller anderen Inseln in Schleswig-Holstein, ergeben sich dem Oberbefehlshaber der 21. Armeegruppe.

Einbegriffen sind alle Seestreitkräfte in diesen Gebieten. Diese Streitkräfte haben die Waffen zu strecken und bedingungslos zu kapitulieren.

Alle Feindseligkeiten deutscher Streitkräfte in diesen Gebieten zu Lande, zur See und in der Luft sind am Sonnabend um 8 Uhr doppelter britischer Sommerzeit einzustellen.

Die deutschen Befehlsstellen haben sofort und ohne jede Einwendung oder Bemerkung alle weiteren Befehle auszuführen, die die alliierten Mächte auf irgend einem Gebiet erteilen.

Widersetzung gegen diese Befehle oder ihre Nichtbefolgung werden als Bruch der Kapitulationsbedingungen angesehen und von den alliierten Mächten entsprechend den anerkannten Gesetzen des Krieges geahndet werden.

Die Kapitulationsurkunde ist unabhängig von und ohne Präjudiz für etwa darüber hinausgehende allgemeine Kapitulationsbedingungen, die später im Namen der alliierten Mächte Deutschland und den deutschen Streitkräften als Ganzes auferlegt werden können.

VOR DEM ZELT MONTGOMERYS Die deutschen Bevollmächtigten, Admiral von Friedeburg, General Kienzl, Konteradmiral Wagner und Major Frieder erscheinen im Hauptquartier von Feldmarschall Montgomery, um die Kapitulation von mehr als einer Million Mann anzubieten.

Herkunft: England/USA — Mai 1945

Erläuterungen zu den Flugblättern

[1] **Warnung** – Codezeichen 273 – 13×21 cm – zweiseitig bedruckt – einfarbig – in der Nacht vom 3. zum 4. 9. 1939 über dem Reichsgebiet verbreitet.
A: Am 1. 9. 1939 überschritten deutsche Truppen die polnischen Grenzen. Polen war durch eine Garantieerklärung vom 31. 3. 1939 mit Frankreich und Großbritannien verbündet. Ein weiterer Bündnisvertrag mit Großbritannien vom 25. 8. 1939 führte zum Abbruch der diplomatischen Beziehungen zwischen der Reichsregierung und Polen: Großbritannien und Frankreich erklärten Deutschland am 3. 9. 1939 den Krieg. Alle britischen Vermittlungsversuche zwischen Polen und der deutschen Reichsregierung waren an den ultimativen deutschen Forderungen gescheitert. Am 26. 9. 1938 hatte Hitler, vor der Konferenz von München, erklärt, die Abtretung des Sudetenlandes sei seine letzte territoriale Forderung.

[2] **Deutsche Soldaten** – ohne Codezeichen – 17×25 cm – einseitig bedruckt – blaue Schrift auf weißem Grund – im September 1939 verbreitet.
A: Die polnische Armee wurde von deutschen Panzerverbänden und der Luftwaffe zwischen dem 1. 9. und 18. 9. 1939 völlig zerschlagen. Warschau leistete bis 27. 9. 1939 Widerstand, die Festung Modlin bis 28. 9. 1939. Das von Polen als Tatsache dargestellte Eingreifen von Frankreich und England blieb aus. Die UdSSR marschierte auf Grund eines Geheimabkommens mit der Reichsregierung am 17. 9. 1939 in Ostpolen ein.

[3] **Deutsche Soldaten!** – ohne Codezeichen – 9×19 cm – einseitig bedruckt – einfarbig – im September 1939 über dem deutschen Reichsgebiet verbreitet.
A: Die deutschen Truppen an den Westgrenzen wurden trotz der Kriegserklärung nicht angegriffen. Beide Seiten verhielten sich defensiv. Dieser Zustand kam der deutschen Führung sehr gelegen, da die Masse der deutschen Truppen durch den »Polenfeldzug« gebunden war und ein Zweifrontenkrieg die deutsche Armeeführung in eine schwierige Situation gebracht hätte. »Sitzkrieg«, »Phoney War« oder »drôle de guerre« nannte man diese Art der Kriegsführung damals.

[4] **Der Führer spricht!** – Codezeichen 288 – 13×21 cm – zweiseitig

bedruckt – einfarbig – im November 1939 über dem deutschen Reichsgebiet verbreitet.
A: Am 27. 8. 1939 schloß Hitler den deutsch-sowjetischen Nichtangriffspakt mit geheimen Zusatzprotokollen zur Festlegung der beiderseitigen Interessensphären in Osteuropa. Am 28. 9. 1939 wurde der deutsch-sowjetische Grenz- und Freundschaftsvertrag und im Oktober/November 1939 Verträge über die Rücksiedlung der Volksdeutschen geschlossen. Alle Abkommen standen in scharfem Gegensatz zu der jahrelangen antikommunistischen Propaganda der Nationalsozialisten.
Goebbels in seiner ›Rede zur Eröffnung der Filmfeierstunde‹ am 5. 11. 1939: »Weil wir wissen worum es geht, deshalb sind wir auch gänzlich immun gegen ausländische und vor allem gegen englische Betörungsversuche. Die dummen und albernen Flugblätter, die von englischen Flugzeugen über deutschen Städten und Dörfern abgeworfen werden, können unserer eigenen Moral nichts anhaben. In Deutschland hört niemand mehr auf Stimmen, die aus dem feindlichen Ausland zu uns herüberdringen, wir hören heute nur noch auf die Stimme des Führers.« [›Kriegspropaganda‹, a.a.O., S. 219].
Im Gegensatz zu dieser öffentlichen Rede steht die Anweisung, die Goebbels in der Geheimen Ministerkonferenz am 11. 12. 1939 erteilte: »Herr Gutterer erhält den Auftrag, die englischen Flugblätter, die sehr viel geschickter geworden sind, genauestens zu beobachten. Beschäftigung mit ihnen in der Presse wird untersagt.« [Kriegspropaganda‹, a.a.O., S. 239].

[5] **Mr. Chamberlain erklärte ...** – Codezeichen 262 – 13×21 cm – zweiseitig bedruckt – einfarbig – im Dezember 1939 über dem deutschen Reichsgebiet verbreitet.
A: Das Flugblatt differenziert, wie schon Flugblatt Nr. 3, zwischen dem NS-System und der deutschen Bevölkerung. Erst auf der Konferenz von Casablanca (14.–24. 1. 1943) fordert Roosevelt die »bedingungslose Kapitulation« des Deutschen Reiches. Die Unterscheidung wurde damit aufgegeben.

[6] **Wir schützen die Welt vor dem Bolschewismus** – ohne Codezeichen – 21×27 cm – zweiseitig bedruckt – einfarbig – im Januar 1940 über dem deutschen Reichsgebiet verbreitet.
A: Das Foto zeigt Reichsaußenminister Ribbentrop und Stalin vor dem Abschluß des deutsch-sowjetischen Freundschaftsvertrages, einmontiert in das Foto einer antikommunistischen Massenveranstaltung in Berlin.

[7] **Wer die Sowjets ruft, bekommt die Komintern ins Land** – ohne Codezeichen – 13×20 cm – zweiseitig bedruckt – Schmuckfarbe Rot – im Februar 1940 über dem deutschen Reichsgebiet verbreitet.
A: Die Originalkarrikatur von Karl Arnold erschien wenige Wochen vor dem deutsch-sowjetischen Nichtangriffspakt vom 27. 8. 1939 in der sartirischen Zeitschrift ›Simplicissimus‹. Großbritannien und Frankreich bemühten sich zu dieser Zeit ebenfalls um Abkommen mit der UdSSR; aber nur der NS-Regierung gelang es, sich mit dem stalinistischen Regime zu einigen.

[8] **Où le Tommy est-il resté?** – ohne Codezeichen – 11×15 cm – einseitig bedruckte, aufkaschierte und transparente Doppelkarte – Schmuckfarben braun und gelb – 1940 über Frankreich verbreitet.
A: Anspielung auf die französisch-britische Waffenbrüderschaft: »Wo ist der Tommy geblieben?« fragt sich der französische Soldat, dessen Kamerad im Stacheldraht verendet. Hielt man die Karte gegen das Licht, so wurde die aufkaschierte zweite Karte [8/2] erkennbar: Der englische Soldat in der französischen Etappe verführt die alleingelassene Ehefrau. Diese transparenten Karten wurden in zwei Serien mit jeweils wechselnden Motiven hergestellt. Bei dem Flugblatt [73] wurde in den letzten Kriegstagen die gleiche Methode wieder angewandt.
Geheime Ministerkonferenz, 27. 3. 1940: »Ebenso habe der Führer die für Frankreich bestimmten Bilder sehr gelobt, Herr Gutterer soll zusammen mit Herrn Major Martin dafür sorgen, daß diese Flugblätter möglichst bald und bevorzugt abgeworfen werden.« [›Kriegspropaganda‹, a.a.O., S. 304].

[9] **Das Blutbad** – ohne Codezeichen – 20×38 cm – einseitig bedruckt – Schmuckfarbe Rot – im März 1940 über dem deutschen Reichsgebiet verbreitet.
A: Der deutsch-sowjetische Nichtangriffspakt vom 27. 8. 1939 war die Voraussetzung für den Angriff auf Polen vom 1. 9. 1939. Nachdem die beiden totalitären Staaten sich voreinander sicher glaubten, stellte die UdSSR unerfüllbare Forderungen an Finnland, das am 30. 11. 1939 angegriffen wurde, nachdem der gewünschte Zugang zur Ostsee verweigert worden war.

[10] **Le bain de sang** – ohne Codezeichen – 21×29 cm – einseitig bedruckt – Schmuckfarbe Rot – im März 1940 über Frankreich verbreitet.
A: Während das französische Flugblatt [9] auf die Fragwürdigkeit der deutsch-sowjetischen Freundschaft anspielt, zielt diese deutsche

Umkehrung auf die traditionell gespannten Beziehungen zwischen Franzosen und Briten. Beide schwören sich die Treue, aber den Sprung ins »Blutbad« macht nur der Franzose.

[11] **Gestapolen** – Codezeichen 331 – 13×21 cm – zweiseitig bedruckt – einfarbig – im März 1940 über dem deutschen Reichsgebiet verbreitet.
A: Die ersten Nachrichten über die Verbrechen in Polen gelangten mit den Soldaten in das Reichsgebiet, die an der Besetzung teilgenommen hatten. Die deutsche Militärverwaltung ging am 12. 10. 1939 in die Hände der SS- und Polizeitruppen über. Die systematische Vernichtung der »rassisch minderwertigen Polen« nahm ihren Anfang. Hitler hatte den Angriff auf Polen u. a. mit der Erschließung neuen »Lebensraumes« im Osten motiviert.

[12] **März 1939** - ohne Codezeichen – 13×20 cm – zweiseitig bedruckt – einfarbig – im März 1940 über dem deutschen Reichsgebiet verbreitet.
A: Hitlers Kampf gegen den Kommunismus und die politische Kehrtwendung im Hitler-Stalin-Pakt von 1939 werden in der alliierten Propaganda in den Jahren 1939/1940 immer wiederholt. Im deutsch-sowjetischen Grenz- und Freundschaftsvertrag vom 28. 9. 1939 war der UdSSR Litauen, Lettland und Estland zugesprochen worden.

[13] **Oprop!** – Codezeichen 4a – 21×15 cm – zweiseitig bedruckt; nur eine Seite faksimiliert – schwarze Schrift auf grünem Papier – im April über Kopenhagen verbreitet.
A: Unter dem Decknamen »Weserübung« wurde am 9. 4. 1940 Dänemark durch ein kombiniertes See-, Land- und Luftunternehmen ohne Gegenwehr besetzt. Das Flugblatt ist bisher das einzige nachweisbare deutsche Flugblatt für die dänische Bevölkerung aus dem Jahre 1940.
Geheime Ministerkonferenz, 13. 4. 1940: »Mit Flugschriften soll Dänemark verschont werden.« [›Kriegspropaganda‹, a.a.O., S. 319].

[14] **11. April 1940** – ohne Codezeichen – 19×13 cm – zweiseitig mit identischem Text bedruckt – einfarbig – im April 1940 über deutschem Reichsgebiet verbreitet.
A: Bei der Besetzung Dänemarks am 9. 4. 1940 und der Invasion Norwegens zwischen dem 9. 4. und 10. 6. 1940 wurden die Kreuzer »Königsberg« und »Karlsruhe«, das Artillerieschulschiff »Bremse« versenkt und der schwere Kreuzer »Lützow« stark beschädigt. Alle

zehn an der Aktion beteiligten deutschen Zerstörer wurden bei Narvik versenkt. Die in der Tonnage stark unterlegene deutsche Kriegsmarine wurde durch diese Verluste entscheidend geschwächt. (Verhältnis Kriegsmarine: britische Flotte bei Kriegsbeginn 1:7,5).

[15] **Das norwegische Abenteuer – ungeschminkt!** – Codezeichen 366 – 13×21 cm – zweiseitig bedruckt – einfarbig – im April 1940 über deutschem Reichsgebiet verbreitet.
A: Durch die Verluste der deutschen Kriegsmarine konnte die Landung von zwei englischen Expeditionscorps und einer französischen Division am 14. und 17. 4. 1940 bei Trondheim und Narvik nicht verhindert werden. Diese Verbände wurden erst am 8. 6. 1940 zurückgezogen, als Widerstand sinnlos geworden war. Die norwegische Armee kapitulierte am 10. 6. 1940.

[16] **Que vous seriez heureux ...** – ohne Codezeichen – 5×5 cm – zweiseitig bedruckt – Schmuckfarben grün, gelb, rosa – im Mai 1940 über Frankreich verbreitet.
A: Der Versuch, die Schuld am Krieg der französischen Regierung und dem »Krieg der Engländer« in die Schuhe zu schieben.

[17] **O Straßburg, o Straßburg, du wunderschöne Stadt ...** – ohne Codezeichen – 9×4 cm – zweiseitig bedruckt – schwarze Schrift auf grünem Papier – im Mai 1940 über Frankreich verbreitet.
A: Das Flugblatt appeliert an die vom »Sitzkrieg« besonders betroffenen Elsässer, die in Grenznähe evakuiert worden waren.

[18] **Camarades français!** – ohne Codezeichen – 16×13 cm – einseitig bedruckt – einfarbig – im Mai 1940 über den zurückweichenden französischen Truppen verbreitet.
A: Der deutsche Angriff durch Luxemburg und über die Ardennen war von den Franzosen nicht erwartet worden; nach 3 Tagen wurde bereits die Maas überschritten: Die deutschen Truppen waren 100 km tief in die französische Front eingedrungen.

[19] **Pas de Calais** – ohne Codezeichen – 14×21 cm – einseitig bedruckt – einfarbig – Ende Mai über dem Kessel von Dünkirchen verbreitet.
A: Unter rücksichtsloser Verletzung der Neutralität von Holland, Luxemburg und Belgien marschierten deutsche Truppen vom Osten und Norden und entlang der französisch-belgischen Grenze auf die Küste Frankreichs zu. Englische und französische Truppen wurden um

Dünkirchen eingekesselt. Am 26. 5. 1940 befahl die britische Regierung die Evakuierung, die am 4. 6. 1940 abgeschlossen wurde. Die meisten Soldaten erreichten England, allerdings ohne Waffen und Gerät.

[20] **Vlaamsche Soldaten!** – ohne Codezeichen – 14×21 cm – einseitig bedruckt – einfarbig – im Mai 1940 über Belgien verbreitet.
A: Der Appell an die flämischen Truppen zur Übergabe dürfte unmittelbar vor der Kapitulation erfolgt sein. Belgien kapitulierte am 28. 5. 1940.
Geheime Ministerkonferenz, 11. 5. 1940: »Der Gegensatz zwischen Wallonen und Flamen soll aber erst aufgegriffen werden, wenn wir auch flämischen Boden erreicht haben.« [›Kriegspropaganda‹, a.a.O., S. 346].

[21] **Commando van het Belgisch Leger** – ohne Codezeichen – 28×22 cm – einseitig bedruckt, die beiden Sprachen stehen nebeneinander – einfarbig – Ende Mai über Belgien verbreitet.
A: Nach der Kapitulation der belgischen Armee am 28. 5. 1940 erklärte der belgische König Leopold III. gegen den Widerstand seiner Regierung, das Los seiner Landsleute teilen zu wollen und ging in die deutsche Kriegsgefangenschaft.

[22] **Soldats de France!** – ohne Codezeichen – 16×22 cm – zweiseitig bedruckt – einfarbig – Anfang Juni 1940 über Frankreich verbreitet.
A: Am 5. 6. 1940 begann nach der Eroberung Dünkirchens die »Schlacht um Frankreich«. Am 10. 6. 1940 erklärte Italien Frankreich den Krieg. Am 14. 6. 1940 fiel Paris. Am 22. 6. 1940 wurden die Waffenstillstandsbedingungen von Frankreich unterzeichnet. Frankreich wurde bis zur Vichy-Linie von deutschen Truppen besetzt.

[23] **Berliner! Habt Ihr's jetzt begriffen?** – Codezeichen 424 – 13×21 cm – zweiseitig bedruckt – einfarbig – am 25. 8. 1940 über Berlin verbreitet.
A: Die genannten Zahlen über die von der Royal Air Force abgeworfenen Bomben sind maßlos übertrieben; auch hatte Berlin zu der Zeit noch keinen Luftangriff erlebt. Die Bomben wurden 1940 aus großen Höhen ungezielt abgeworfen. 1940 fielen ca. 10000 to englischer Bomben auf Deutschland und etwa 36000 to deutscher Bomben auf England.
Geheime Ministerkonferenz, 15. 8. 1940: »Unter Bezugnahme auf ein neues, von den Engländern abgeworfenes Flugblatt entscheidet der

Minister, daß derartige Flugblätter grundsätzlich in den Gebieten, in denen sie abgeworfen werden, von der Presse veröffentlicht werden sollen. Das neue Flugblatt ist völlig ungefährlich, die Polemik ergibt sich von selbst. Bei der Veröffentlichung sollen lediglich die unten auf dem Flugblatt angegebenen englischen Sendezeiten fortgelassen werden.« [›Kriegspropaganda‹, a.a.O., S. 461].

[24] **From the Führer's Speech** – ohne Codezeichen – 23×31 cm – zweiseitig bedruckt – schwarze Schrift auf grünem Papier – im August 1940 über England verbreitet.
A: Nach dem Waffenstillstand mit Frankreich am 22. 6. 1940 glaubt Hitler, die englische Regierung zu einem Friedensschluß bewegen zu können. Hitler beansprucht die Vorherrschaft auf dem Kontinent. Gleichzeitig bereitet er unter dem Decknamen »Seelöwe« (Weisung Nr. 16 v. 16. 7. 1940) eine Landung deutscher Truppen in England vor. Drei Tage später, am 19. 7. 1940, hielt Hitler die auf dem Flugblatt abgedruckte Rede vor dem deutschen Reichstag.
Geheime Ministerkonferenz, 7. 8. 1940: »Zur Frage der Flugblattpropaganda erklärt der Minister, daß er sich von einer Flugblattpropaganda in England nicht viel verspricht, da die dafür angewandte Mühe in keinem Verhältnis zum Erfolg stehe. Die Massen in England seien viel einfacher durch den Rundfunk zu erreichen. Wenn England umgekehrt in Deutschland mit Flugblättern arbeite, so sei das dadurch begründet, daß England über den Rundfunk an die deutschen Hörer ja nicht in nennenswertem Umfange herankomme. Im übrigen wirke das gesprochene Wort magnetischer als das geschriebene. Der Minister gibt zu, daß die zuletzt von den Engländern abgeworfenen Flugblätter etwas gefährlicher sind als die früheren. Er wünscht über jede Neuerscheinung sofort mit genauem Wortlaut unterrichtet zu werden.« [›Kriegspropaganda‹, a.a.O., S. 448].

[25] **Wanted for incitement to murder** – ohne Codezeichen – 14×20 cm – zweiseitig bedruckt – einfarbig – im September 1940 über England verbreitet.
A: Winston Churchill, der am 10. 5. 1940 Premierminister geworden war, wurde von der deutschen Propaganda als Verbrecher dargestellt, der für englische Luftangriffe auf zivile Ziele in Deutschland verantwortlich zu machen sei. – Brecht nahm das Bild in die von Ruth Berlau herausgegebene ›Kriegsfibel‹, Berlin 1955, auf und setzte folgenden Vierzeiler darunter: »Ich kenne das Gesetz der Gangs. Ich fuhr / Im allgemeinen gut mit Menschenfressern. / Sie fraßen aus der Hand mir. Die Kultur / Find't als Verteidiger hier keinen bessern.« (Abb. 38;

die ›Kriegsfibel‹ wurde von Peter Palitzsch gestaltet. Sie erschien unter der Redaktion von Günter Kunert und Heinz Seydel).

[26] **Gutschein** – Codezeichen 453 – 14×11 cm – einseitig bedruckt – Schmuckfarbe Rot – im Dezember 1940 über dem deutschen Reichsgebiet verbreitet.
A: Das Unternehmen »Seelöwe« wurde verschoben, weil es nicht gelungen war, die britische Luftwaffe entscheidend zu schlagen.
Geheime Ministerkonferenz, 16. 1. 1941: »Der Minister verliest ein in den letzten Tagen abgeworfenes und psychologisch äußerst ungeschickt abgefaßtes englisches Flugblatt, um anhand dieses Beispiels zu zeigen, welche Fehler vermieden werden sollten. (Das Flugblatt ist an alle Angehörigen der deutschen Wehrmacht gerichtet und soll in ironischer Form eine Freifahrkarte nach England darstellen, zu einem festlichen Empfang).« [›Kriegspropaganda‹, a.a.O., S. 605].

[27] **The Battle of the Atlantic is being lost!** – ohne Codezeichen – 15×21 cm – zweiseitig mit identischem Text bedruckt – einfarbig.
A: Die »Schlacht im Atlantik« bringt der englisch-amerikanischen Versorgungsflotte hohe Verluste: 1940 wurden 4,5 Millionen BRT versenkt; nur etwa 1/3 kann durch Neu- bzw. Umbauten ersetzt werden. Die Blockade konnte jedoch auf die Dauer nicht wirksam aufrecht erhalten werden.
Geheime Ministerkonferenz, 9. 1. 1941: »Major Martin ist in einem Kommentar des Rundfunknachrichtendienst auf einen Satz aufmerksam geworden, in dem es heißt: ›. . . bekanntlich fahren nach England keine Schiffe mehr.‹ Er teilt mit, daß die Lichtbildaufklärung im gesamten englischen Seeraum an einem Tag ergeben hat, daß 220 Schiffe von und nach englischen Häfen in Fahrt waren.« [›Kriegspropaganda‹, a.a.O., S. 599].

[28] **»Belgrad brennt immer noch!«** – Codezeichen 496 – 13×21 cm – zweiseitig bedruckt – einfarbig – im April 1941 über dem deutschen Reichsgebiet verbreitet.
A: Am 6. 4. 1941 marschierten die deutschen Truppen in Jugoslawien ein; am 17. 4. 1941 kapitulierte Jugoslawien bedingungslos. Der Einmarsch der deutschen Truppen aus Bulgarien, Ungarn und der Steiermark wurde von einem Angriff deutscher Bomber auf Belgrad eingeleitet.

[29] **B. B. C. Der Londoner Rundfunk . . .** – Codezeichen 490/A – 13×21 cm – zweiseitig bedruckt – einfarbig – im Mai 1941 über dem deutschen Reichsgebiet verbreitet.

Geheime Ministerkonferenz, 26. 6. 1940: »Da die Rundfunkverbrechen in letzter Zeit wieder etwas zugenommen haben, soll eine Zusammenstellung harter Zuchthausurteile veröffentlicht werden. Dabei soll darauf hingewiesen werden, daß sich unsere Nachrichtenpolitik hundertprozentig als richtig erwiesen hat und daß die Lügenhaftigkeit der Auslandssender nachgerade allgemein bekannt ist. Um so mehr sei das Abhören ausländischer Sender jetzt dem vollendeten Landesverrat gleichzusetzen und vor allem, wenn derartige Gerüchte auch noch weitergegeben würden, sei eigentlich nur die Todesstrafe eine angemessene Sühne. Die Bevölkerung habe die Pflicht, Rundfunkverbrecher rücksichtslos anzuzeigen.« [›Kriegspropaganda‹, a.a.O., S. 407].

[30] **Luftpost, No. 1, 25. Mai 1941** – Codezeichen 510/1 – 13×20 cm – vierseitig bedruckt – einfarbig – im Juni 1941 über dem deutschen Reichsgebiet verbreitet.
A: Am 10. 5. 1941 flog Rudolf Hess, der Stellvertreter des Führers, mit einem Messerschmidt-Jagdflugzeug von Augsburg nach England, vermutlich in der Absicht, ein Friedensangebot zu unterbreiten. In der englischen Propaganda fand dieser erstaunliche Schritt wenig Beachtung.
Geheime Ministerkonferenz, 14. 5. 1941: »Der Minister erstattet Bericht über den Fall Hess und gibt für seine Behandlung folgende Richtlinien: Im deutschen Nachrichtendienst wird nur veröffentlicht, was amtlich vom Obersalzberg herausgegeben wird. Dem Ausland gegenüber sollen: a) alle Lügen [. . .] kurz und knapp dementiert werden [. . .] b) solle immer wieder betont werden: Hess ist zwar ein Wirrkopf, aber er hat die Absicht gehabt, Frieden zu machen, und zwar in der festen Überzeugung, daß Deutschland unschlagbar sei und weiteres Blutvergießen nutzlos sei [. . .] [›Kriegspropaganda‹, a.a.O., S. 731].

[31] **Sie fuhren gegen Engelland** – Codezeichen 502 – 11×14 cm – zweiseitig bedruckt – einfarbig – im Mai 1941 über dem deutschen Reichsgebiet verbreitet.
A: Am 17. 8. 1940 wurde das Seegebiet um England zum »Operationsgebiet« erklärt. Die deutsche U-Boot-Flotte operierte zunächst sehr erfolgreich, aber die alliierte Abwehr konnte durch die Luftüberlegenheit und neue Ortungssysteme immer größere Erfolge erzielen. In sogenannten »Sondermeldungen« wurden die Erfolge der deutschen U-Boote und besonders ihre Kapitäne gefeiert. Die bekanntesten Namen waren Prien, Kretschmer und Schepke.
Geheime Ministerkonferenz, 29. 5. 1941: »Oberstleutnant Martin teilt mit, es sei in militärischen Kreisen darüber diskutiert worden, ob es

zweckmäßig sei, am selben Tage zu versuchen, eine unfreundliche Nachricht durch eine gute Nachricht aufzuheben. Es sei die Absicht vertreten worden, wenn man z. B. gleichzeitig mit der Veröffentlichung des Todes Priens die Versenkung von 110000 to melde, dann sehe das Volk sowie das Ausland nur die Meldung vom Tode Priens, während der Erfolg nicht gesehen werde, und es wäre daher besser, wenn die Erfolgsmeldung erst einen Tag später gebracht werden würde, man lasse dann ein gewisses Wellental der Stimmung entstehen, und am nächsten Tage komme die Erfolgsmeldung und hebe die Wirkung wieder auf.« [›Kriegspropaganda‹, a.a.O., S. 756].

[32] **Kameraden der Roten Armee** [›ТОВАРИЩИ КРАСНОАРМЕЙЦЫ‹] – Codezeichen 000111 RA – zweiseitig bedruckt; nur eine Seite faksimiliert – einfarbig – im Juni 1941 beim Angriff auf die UdSSR über den russischen Truppen verbreitet.
A: Am 22. 6. 1941 griffen deutsche Truppen die UdSSR an. Die Vorbereitungen waren in der Führerweisung No. 18 vom 12. 11. 1940 getroffen worden. (Weisung No. 18 IV. Abschnitt 5) Rußland: Politische Besprechungen mit dem Ziel, die Haltung Rußlands für die nächste Zeit zu klären, sind eingeleitet. Gleichgültig, welches Ergebnis diese Besprechungen haben werden, sind alle schon mündlich befohlenen Vorbereitungen für den Osten fortzuführen.« [Walter Hubatsch, ›Hitlers Weisungen für die Kriegsführung‹, a.a.O., S. 71].
Übersetzung: »Genossen Rotarmisten! Kommandanten der Roten Armee! Die jüdisch-kommunistische Regierung mit Dschugaschwili-Stalin an der Spitze hat die mit Deutschland geschlossenen Verträge gebrochen. Das Ergebnis ist der Krieg [. . .] Stalin glaubte, daß Deutschland durch den Kampf mit dem kapitalistischen England geschwächt sei und versuchte daher zur Erpressung, trotz des sowjetisch-deutschen Nichtangriffsvertrages, Bulgarien gegen Deutschland aufzuhetzen und mobilisierte die serbischen Putschisten gegen Deutschland [. . .]«.

[33] **Deutsche Soldaten! Hitler hat unser Land überfallen** – ohne Codezeichen – 17×12 cm – einseitig bedruckt – einfarbig – im Juli 1941 über deutschen Truppen in Rußland verbreitet.
A: Der deutsche Überfall kam für die sowjetische Führung und das Militär völlig überraschend. Die deutschen Vorbereitungen liefen unter dem Decknamen »Barbarossa«. Die Anfangserfolge der deutschen Truppen waren bemerkenswert.

[34] **Deutsche Soldaten! Eure Kameraden kehren Hitler den Rük-**

ken . . . – ohne Codezeichen – 18 × 12 cm – einseitig bedruckt – einfarbig – im Juli 1941 über den deutschen Truppen in Rußland verbreitet.

[35] **Deutscher Kamerad! Landsmann!** – ohne Codezeichen – 19 × 25 cm – zweiseitig bedruckt; die nicht abgebildete Rückseite enthält den Text des Aufrufs in der Handschrift des Autors – einfarbig – 1941 über deutschen Truppen in Rußland verbreitet.
A: Der Schriftsteller Friedrich Wolf (1888–1953) war 1933 emigriert; er nahm am Spanischen Bürgerkrieg teil und war 1949 bis 1951 Botschafter der DDR in Warschau.

[36] **Predigt des Bischofs Clemens August Graf von Galen** – Codezeichen 526 – 13 × 21 cm – vierseitig bedruckt – einfarbig – im Oktober 1941 über dem deutschen Reichsgebiet verbreitet.
A: Gekürzter und durch einige Hörfehler veränderter Text der Predigt vom 13. 7. 1941. Vgl. ›Nicht Lob, nicht Furcht‹, Das Leben des Kardinals von Galen nach unveröffentlichten Briefen und Dokumenten von Max Bierbaum, Münster [1958], S. 336–343.
»Als im August 1941 der Bischof von Münster, Graf von Galen, sich in einer Rede mit scharfen Worten gegen die Euthanasie aussprach, stand bereits die Führung vor der Frage, ein ›Exempel zu statuieren‹, nahm aber davon Abstand, weil es ihr in ›einer kritischen Periode des Krieges‹ nicht ratsam erschien, weder die Kirche herauszufordern, noch eine Euthanasie-Debatte auszulösen. Ende Mai 1942 bekräftigte Hitler erneut Goebbels gegenüber seinen Entschluß, ›die christlichen Kirchen nach dem Sieg zu vernichten‹. Sowie er freie Hand habe, erklärte er, sollten die Kirchen seine Macht zu spüren bekommen.« [›Wollt Ihr den totalen Krieg?‹, a.a.O., S. 217].

[37] **Wozu, Kamerad?** – ohne Codezeichen – 20 × 29 cm – zweiseitig bedruckt – einfarbig – im Winter 1941/42 über deutschen Truppen in Rußland verbreitet.
A: Bereits im September 1941 war erkennbar, daß der »Rußlandfeldzug« kein Blitzkrieg war. Die russischen Truppen leisteten trotz schwerer Verluste in den Material- und Kesselschlachten erbitterten Widerstand. Der deutsche Nachschub stagnierte. Als Ende November 1941 die Temperaturen auf unter 40 Grad Celsius sanken, blieb der Vorstoß auf Moskau stecken. »General Winter« hatte die sieggewohnte deutsche Armee besiegt. Hitler in seiner Weisung No. 39 vom 8. 12. 1941: »Der überraschend früh eingebrochene strenge Winter im Osten und die dadurch eingetretenen Versorgungsschwierigkeiten zwingen

zur sofortigen Einstellung aller größeren Angriffsoperationen und zum Übergang zur Verteidigung.« [Walter Hubatsch, ›Hitlers Weisungen für die Kriegsführung‹, a.a.O., S. 171].

[38] **»Viel Feind', viel Ehr'!«** – Codezeichen 532 – 13×21 cm – zweiseitig bedruckt – Schmuckfarbe Rot – im Januar 1942 über dem deutschen Reichsgebiet verbreitet.
A: Hitlers Kriegserklärung an die USA vom 11. 12. 1941 bewirkte, wie schon im Ersten Weltkrieg, die kriegsentscheidende Kräfteverschiebung an Menschen und Material.

[39] **Au pays qui nous a donné »la Liberté«** – Codezeichen 136 – zweiseitig bedruckt, nur eine Seite abgebildet – Schmuckfarbe Rot – im Januar 1942 über Frankreich verbreitet.
A: Die USA, die Frankreich und der Französischen Revolution ihre freiheitliche Verfassung verdankten, greifen nun auf dem europäischen Kriegsschauplatz ein, um Frankreich »die Freiheit zurückzubringen«.

[40] **Toespraak van H. M. de Koningin** – Codezeichen H 7 – 21×13 cm – zweiseitig bedruckt; nur eine Seite abgebildet – Schmuckfarbe Rot – im April 1942 über Holland verbreitet.
A: Die holländische Königin Wilhelmine war nach der Kapitulation der holländischen Armee ins englische Exil gegangen. Der Text einer Radioansprache wurde als Flugblatt verbreitet.

[41] **Mit Hitler wird niemand Frieden schliessen** – Codezeichen A–516 – zweiseitig bedruckt – Schmuckfarben grün und braun – 1941/42 über den deutschen Truppen in Rußland verbreitet.

[42] **Deutscher Soldat! Die Hitlerbande macht Deutschland zum Hurenhaus** – ohne Codezeichen – 19×27 cm – einseitig bedruckt – einfarbig – 1941/42 über deutschen Truppen in Rußland verbreitet.
A: Der Text spielt auf einen Befehl des Reichsführers-SS und Chef der Deutschen Polizei, Heinrich Himmler, vom 28. 10. 1939 an, der es SS-Angehörigen zur Pflicht machte, während des Krieges Väter von Kindern zu werden. In einem Rundschreiben des Reichsführers-SS vom 30. 1. 1940 »An alle Männer der SS und Polizei« heißt es unter anderem: ». . . Die SS-Männer würden danach – so mißverstehen das manche – aufgefordert, sich den Frauen der im Felde stehenden Soldaten zu nähern [. . .]« (Original im Archiv des Autors).

[43] Він приліз по хліб та сало – kein Codezeichen – 13 ×16 cm – zweiseitig bedruckt; nur eine Seite abgebildet – 1941/42 über der Ukraine verbreitet.
Übersetzung: »Er kam um Brot und Speck. Schlagt den Dieb mit allem, was euch in die Hand kommt.«

[44] **Die schwersten Angriffe der Luftwaffe ...** – Codezeichen G. 31 – 13×22 cm – zweiseitig bedruckt – Schmuckfarbe Rot – im Juni 1942 über dem deutschen Reichsgebiet verbreitet.
A: Bereits vor dem Krieg hatten englische Militärexperten die These vertreten: »The bomber will always get through«. Der Kriegsverlauf, der Erfolg der deutschen »Blitzkriege« zeigte indessen, daß die Bombardierung der Städte die Kriegsproduktion nicht entscheidend treffen konnte: Die deutsche Panzerproduktion stieg z. B. 1942/1943 um 40% und bis 1944 noch einmal um 40%.
Der 1000-Bomber-Angriff auf Köln war der erste einer Serie von Flächenbombardements ziviler Ziele: 40 englische Flugzeuge abgeschossen, 116 beschädigt; die Zivilbevölkerung hatte 469 Tote und 5027 Verletzte zu beklagen. Rund 3000 to Bomben wurden abgeworfen.
Geheime Ministerkonferenz, 1. 7. 1942: »Der Minister sieht in dem Bombardement von Köln einen Beitrag der Engländer zur russischen Kriegführung.« [›Wollt Ihr den totalen Krieg?‹, a.a.O., S. 244].

[45] **Gorilla »Adolf« Vorsicht! Tollwütig!** – ohne Codezeichen – 11×15 cm – zweiseitig bedruckt; nur eine Seite abgebildet – Schmuckfarbe Rot – 1942 über deutschen Truppen in Rußland verbreitet.

[46] ЧЕМ ВЫ ЗАНИМАЕТЕСЬ В СВОБОДНОЕ ВРЕМЯ? – Codezeichen 93 – 21×29,8 cm – zweiseitig bedruckt; nur eine Seite abgebildet – 1942 über russischen Truppen in Karelien/Finnland verbreitet.
Übersetzung: »Womit beschäftigt ihr euch in der Freizeit? Dafür interessierten sich Molotschnikow und Geraschtschenko, und aus diesem Grund erließen sie folgenden Befehl: »An alle Kommandanten operativer Abteilungen. In der letzten Zeit haben sich die Fälle gehäuft, daß Posten auf Wache einschlafen. Daher wird befohlen: Es ist festzustellen, womit sich die Leute in ihrer Freizeit beschäftigen, und ob sie genügend schlafen.«
Hierauf geben wir Antwort: Eine günstige Schlafgelegenheit – beim Politunterricht, denn dem, was erzählt wird, glaubt niemand, aber was die Deutschen schreiben, das interessiert, und darum sammelt man in der Freizeit unsere Flugblätter, die von allem berichten, was an den

übrigen Fronten vor sich geht, und macht sie dann zum Diskussionsgegenstand. Auf diese Weise erfahren sie, daß alles verloren ist, und ziehen daraus die einzige Schlußfolgerung – zu den Deutschen überzulaufen! [...]«

[47] **Massenmord** – Codezeichen G 68 – 13×21 cm – zweiseitig bedruckt – Schmuckfarbe Rot – im Januar 1943 über dem deutschen Reichsgebiet verbreitet.
A: Die auf der »Wannsee-Konferenz« am 20. 1. 1942 festgelegte »Endlösung der Judenfrage« sah die systematische Dezimierung der europäischen Juden durch Zwangsarbeit im Osten bei unzureichender Ernährung vor und eine »entsprechende Behandlung« des »Restbestandes«. Etwa 6 Millionen europäische Juden kommen in den Vernichtungslagern um. Nur Finnland, Italien, Bulgarien und Dänemark widersetzen sich der Deportation der Juden mit Erfolg.
Geheime Ministerkonferenz, 12. 12. 1942: »Die englische Propaganda bemächtigt sich der angeblichen Judengreuel im Osten derart stark, daß der Minister es nunmehr für an der Zeit erachtet, gegen diese Propagandakampagne etwas zu unternehmen. Dieses Thema sei zwar recht heikel und wir sollten uns auf die Polemik am besten nicht einlassen, dafür aber die Greuel der Engländer in Indien, im Iran und in Ägypten besonders herausstellen.« [›Wollt Ihr den totalen Krieg?‹, a.a.O., S. 312].

[48] **Le 17 juin 1940...** – Codezeichen F 1–21 × 13 cm – zweiseitig bedruckt – einfarbig – im Januar 1943 über Frankreich verbreitet.
A: Bertolt Brecht klebte den Bildbericht von 20 Photos, aus dem nur 6 Abbildungen verwendet wurden, unter dem 17. 6. 1940 in sein Arbeitsjournal. Die Bilderserie aus der Deutschen Wochenschau war unter der Überschrift ›Hitler tanzt. Der Führer tanzt eine Gigue für den Sieg‹ in einer englischen oder amerikanischen Zeitschrift nachgedruckt worden: Hitler erfährt im Hauptquartier an der Westfront die Kapitulationsbereitschaft Frankreichs. [vgl. Bertolt Brecht, ›Arbeitsjournal‹, Erster Band 1938 bis 1942. Hrsg. von Werner Hecht, Frankfurt 1973, S. 104–115]. – Die Bilder vom »November 1942« stammen vermutlich von der Rede im Sportpalast zu Berlin vom 30. 9. 1942 [Stalingradrede].
[49] **Stalingrad. Mythos und Wahrheit** – 13×10 cm – Flugblattbroschüre G 7 – 32 Seiten; nur Titelseite und Rückentitel abgebildet – Schmuckfarbe Rot – im März 1943 über dem deutschen Reichsgebiet verbreitet.
A: Die deutsche Sommeroffensive 1942 hatte die Eroberung der Erd-

ölfelder des Kaukasus und das Rüstungs- und Verkehrszentrum Stalingrad zum Ziel. Zwischen 15. 9. und 18. 11. 1942 wurden 90% von Stalingrad besetzt. Am 22. 11. 1942 wurden die deutschen Truppen in der Stadt eingeschlossen. Hitler verbot den Ausbruch aus dem Kessel, der am 31. 1. 1943 bzw. am 2. 2. 1943 kapitulierte: Etwa 100 000 Soldaten waren gefallen, 90 000 wurden gefangen genommen. Die Niederlage von Stalingrad wurde von der deutschen Bevölkerung und von den Alliierten als »Wendepunkt« empfunden.

[50] **Gas** – Codezeichen G. 28 – 11 × 13 cm – zweiseitig mit identischem Text bedruckt – schwarze Schrift auf gelbem Papier – im Mai 1943 über deutschem Reichsgebiet verbreitet.
Geheime Ministerkonferenz 10./11. 5. 1942: »Zu den Behauptungen Churchills in seiner Rede, daß Deutschland Gas anwenden wolle, ergab sich eine verschiedenartige Auffassung zwischen dem Propagandaministerium und dem OKW.« [›Wollt Ihr den totalen Krieg?‹, a.a.O., S. 239]. Geheime Ministerkonferenz 13. 5. 1942: »Auch in der innerdeutschen Propaganda soll mit den Drohungen Churchills einer eventuellen Gasanwendung schärfstens polemisiert werden. Unter dem Motto: »Wir fangen nicht an, aber wehe dem, der anfangen sollte«, soll u. a. erkennbar werden, daß es sich bei der in manchen Führerreden angedeuteten, bisher unbekannten Waffen jedenfalls nicht um Giftgas handelt.« [›Wollt Ihr den totalen Krieg?‹, a.a.O., S. 240].
Bereits 1942 war ein Flugblatt von englischen Flugzeugen über dem Reichsgebiet (G 25) verbreitet worden, das sich mit dem Gaskrieg befaßte.

[51] **Die zweite Front kommt!** – Codezeichen 2494 – 14 × 20 cm – zweiseitig bedruckt – einfarbig – Anfang 1943 über den deutschen Truppen in Rußland verbreitet.
A: Die Errichtung der zweiten Front durch die West-Alliierten war eine ständige Forderung der UdSSR gegenüber ihren Bündnispartnern. Am 8. 11. 1942 waren Anglo-Amerikaner in Nordafrika gelandet; am 10. 7. 1943 landeten sie in Sizilien.

[52] **Denk an dein Kind!** – Codezeichen 2543 – 14 × 22 cm – zweiseitig bedruckt – einfarbig – Mitte 1943 über deutschen Truppen in Rußland verbreitet.
A: Der politisch-satirische Lyriker und Publizist Erich Weinert (1890–1953) war 1943–1945 Präsident des ›Nationalkomitees Freies Deutschland‹.

[53] **Ein deutsches Flugblatt** – Codezeichen G. 39 – 13×21 cm – zweiseitig bedruckt – einfarbig – im Juli 1943 über deutschem Reichsgebiet verbreitet.
A: Das Flugblatt der ›Weißen Rose‹, das Hans und Sophie Scholl am 18. 2. 1943 in der Münchener Universität in 3000 Exemplaren verteilten, wofür man sie und den Studenten Christoph Probst am 23. 2. 1943 in Stadelheim hinrichtete, wurde nachgedruckt und von der RAF abgeworfen.

[54] **Der Hirschruf** – Codezeichen G 44 – 10×13 cm – zweiseitig bedruckt – Schmuckfarbe Braun – im Juli 1943 über dem deutschen Reichsgebiet verbreitet.
A: Das Bild des Reichsjägermeisters und Reichsmarschalls Hermann Göring, der Oberbefehlshaber der Luftwaffe war, stammt aus der weitverbreiteten Propaganda-Biographie ›Hermann Göring‹, München 1941 (35 Auflagen). Görings großsprecherischen Ankündigungen, er wolle Hermann Maier heißen, wenn ein feindliches Flugzeug die Reichsgrenzen überfliege, wurden in Flüsterwitzen immer wieder satirisch gewürdigt.

[55] **Deutsche Frauen! Rettet eure Männer!** – Codezeichen G 56 – 21×13 cm – zweiseitig bedruckt; nur eine Seite faksimiliert – einfarbig – im August 1943 über dem deutschen Reichsgebiet verbreitet.

[56] **Dieses war der erste Streich ...** – Codezeichen G. 51 – 12×18 cm – zweiseitig bedruckt – einfarbig – im August 1943 über dem deutschen Reichsgebiet verbreitet.
A: Nach einer Besprechung zwischen Hitler und Mussolini bei Feltre am 19. 7. 1943 übernahm König Victor Emanuel auf Initiative des Großen Faschistischen Rats den Oberbefehl. Mussolini wurde am 25. 7. 1943 entlassen und verhaftet. Am 28. 7. 1943 wurde die faschistische Partei aufgelöst. Am 3. 8. 1943 begannen italienische Geheimverhandlungen mit den Alliierten.

[57] **Vor Zwei Jahren ...** – Codezeichen USG 18 – 18×12 cm – zweiseitig bedruckt – Schmuckfarbe Rot – im Dezember 1943 über dem deutschen Reichsgebiet verbreitet.
A: Am 11. 12. 1941 hatte Hitler den USA den Krieg erklärt. Im März 1941 war vom amerikanischen Kongreß der »Lend-and-Lease-Act« beschlossen worden. Der Präsident konnte nun Kriegsgerät verpachten und damit den vom Deutschen Reich bedrängten Staaten zu Hilfe kommen. Ab November 1941 wurden die amerikanischen Handelsschiffe

bewaffnet und konnten die Häfen kriegsführender Staaten anlaufen. Die Überlegenheit an Menschen und Material im Ersten Weltkrieg galt in der deutschen Bevölkerung als kriegsentscheidend.

[58] **Nationalkomitee Freies Deutschland** – Codezeichen 9-K – 11×14 cm – zweiseitig bedruckt – Schmuckfarbe Rot – Ende 1943 über deutschen Truppen in Rußland verbreitet.
A: Am 3. 7. 1943 wurde bei Moskau das Nationalkomitee Freies Deutschland gegründet. Mitglieder waren kommunistische Emigranten und Kriegsgefangene, die zusammenarbeiteten, um zum Widerstand gegen Hitler und zur Beendigung des Krieges aufzurufen. Das NKFD wurde 1945 aufgelöst.

[59] **Attention** – Codezeichen F 51 – 27×21 cm – zweiseitig bedruckt; nur eine Seite faksimiliert – Schmuckfarbe Rot – im Mai 1944 über Frankreich verbreitet.
A: Die Royal Air Force, die seit 1940 den ›Courrier de l'Air‹ über den von Deutschen besetzten Gebieten Frankreichs abwarf, um die Bevölkerung über den Kriegsverlauf zu unterrichten, machte mit diesem Flugblatt auf eine deutsche Fälschung des ›Courrier de l'Air‹ aufmerksam. »Mit über Frankreich abzuwerfenden gefälschten, anscheinend englischen Flugblättern beschäftigte sich auch Hitler persönlich« [›Wollt Ihr den totalen Krieg?‹, a.a.O., S. 233]. »Der Führer würde sich von solchen und ähnlichen Gedanken durch Flugblätterabwurf vieles versprechen, um den Haß der Franzosen gegen die Engländer zu verbreiten« [Brief der Ajudantur der Wehrmacht beim Führer, 9. 2. 1942, Bundesarchiv-Militärarchiv Freiburg, Sig. RW 4/v. 254].

[60] **Sternenbanner** – Codezeichen USG 44 – 21×26 cm – vierseitig bedruckt; nur eine Seite faksimiliert – Schmuckfarbe Rot – im Juni 1944 über dem Deutschen Reich und den von deutschen Truppen besetzten französischen Gebieten verbreitet.
A: Am 6. 6. 1944 waren die westlichen Alliierten in der Normandie gelandet. Die Zahlenangaben über die an dem Unternehmen »Overlord« beteiligten Truppen, Schiffe und Flugzeuge stimmen mit den tatsächlichen Zahlen überein.

[61] **Vierfronten-Krieg** – Codezeichen Z.G. 3 – 21×25 cm – zweiseitig bedruckt – Schmuckfarbe Rot – im Juni 1944 über dem deutschen Reichsgebiet und den von deutschen Truppen besetzten Gebieten im Westen verbreitet.
A: Bemerkenswert sind die auf der Karte wiedergegebenen Reichsgrenzen: Das Münchener Abkommen (Annektion des Sudetenlandes)

und die Eingliederung des Generalgouvernements ins Reichsgebiet werden als Faktum dargestellt.

[62] **Quartiere Generale del Generale Alexander** – ohne Codezeichen – 13×21 cm – zweiseitig bedruckt – einfarbig – 1944 über Rom verbreitet.
A: Nach der Kriegserklärung Italiens an Deutschland am 13. 10. 1943 durch die Regierung Badoglio, landeten 1944 amerikanische Truppen bei Nettuno im Rücken der deutschen Front. Nach erbitterten Kämpfen wird Rom am 4. 6. 1944 besetzt, nachdem es zur »offenen Stadt« erklärt worden war.

[63] **Nationalkomitee Freies Deutschland und Bund Deutscher Offiziere** – Codezeichen 159 – 14×20 cm – zweiseitig bedruckt – einfarbig – im Juli 1944 über deutschen Truppen in Rußland verbreitet.
A: Das Flugblatt, datiert auf den 21. 7. 1944, ist eines der wenigen Dokumente für die unmittelbare Wirkung von Stauffenbergs Bombenattentat im »Ausland«. Der Aufstand in Berlin und Paris war bereits zusammengebrochen: 180–200 Beteiligte wurden noch am 20. 7. 1944 exekutiert. Etwa 5000 »Verräter« wurden in den folgenden Monaten hingerichtet. Himmler wird Befehlshaber des Ersatzheeres.

[64] **Français!** – ohne Codezeichen – 12×21 cm – zweiseitig bedruckt – einfarbig – im August 1944 über Paris verbreitet.
A: Der Kommandant der Wehrmacht von Groß-Paris, General Dietrich von Choltitz, widersetzte sich dem Befehl Hitlers, Paris »bis zum letzten Mann zu verteidigen«, alle militärischen Objekte und alle Brükken zu sprengen und die Stadt »in ein Trümmerfeld zu verwandeln«. Am 19. 8. 1944 hatte sich der französische Widerstand in Paris gegen die Okkupanten erhoben. Choltitz gelang ein Abkommen mit der Résistance. Am 24. 8. 1944 rückte die zur Armee Pattons gehörende Panzerdivision unter General Leclerc im unzerstörten Paris ein.

[65] **Generalfeldmarschall Paulus an das deutsche Volk** – Codezeichen unleserlich – zweiseitig bedruckt – einfarbig – im August 1944 über den deutschen Truppen in Rußland verbreitet.
A: Generaloberst Paulus, der Kommandant der 6. Armee, hatte sich, wider bessere Einsicht, nicht entschließen können, dem am 24. 11. 1942 von Hitler ausgesprochenen Befehl zum Ausharren in Stalingrad zu widersetzen. Auch die von ihm erbetene Genehmigung zur Kapitulation wurde zurückgewiesen. Paulus wurde am 30. 1. 1943 zum Generalfeldmarschall ernannt. Am 31. 1. und 2. 2. 1943 ergaben sich die

deutschen Truppen in Stalingrad. Paulus war nach langem Zögern 1944 dem Nationalkomitee »Freies Deutschland« beigetreten.

[66] **An den Oberbefehlshaber der 16. Armee . . .** – ohne Codezeichen – 13×16 cm – sechsseitig bedruckt – einfarbig – im November 1944 über den eingeschlossenen deutschen Truppen im Kurlandkessel verbreitet.
A: Nach dem Durchbruch der Roten Armee an der Karelischen Landenge am 10. 6. 1944 schloß Finnland am 19. 9. 1944 den »Waffenstillstand von Moskau«. Die Heeresgruppe Nord (Kurlandarmee) war seit 10. 10. 1944 abgeschnitten: Von den 26 deutschen Divisionen konnten nur 10 in verlustreichen Kämpfen gerettet werden.
»Wenn man von feindlicher Propaganda hört, so denkt man unwillkürlich zunächst an Lügen und Fälschungen [. . .] Anders in Ziel und Wirkung ist eine in der letzten Zeit vor allem im Osten häufiger festgestellte feindliche Propaganda, die sich mit der Maske kühler Objektivität und Sachlichkeit tarnt [. . .] Gemeint sind Fälle folgender Art: Da haben einige deutsche Divisionen sehr schwere Kampftage hinter sich. Gegenüber erdrückender feindlicher Übermacht haben sie zurückgehen müssen, die Opfer waren groß. Wenige Tage nur vergehen nach Abschluß dieser Kämpfe, da wirft der Feind in großen Mengen Flugblätter ab, welche eine Schilderung der gerade überstandenen Kampftage enthalten. Die Blätter sind geschickt gemacht. Sie haben das Format einer Zeitung, schwarzweißrot umrandet versuchen sie, sich ein nationales deutsches Mäntelchen umzuhängen. Auf jeder Seite wird der Gedanke variiert, ein freies, vollkommen selbständiges Deutschland könne lieber heute als morgen geschaffen sein und an einen friedlichen Aufbau gehen. Der Soldat hat es selbst in der Hand, die Verwirklichung zu beschleunigen. Nur seinen Widerstand soll er aufgeben, nur zur Grenze zurückmarschieren und nur gegen den Führer revoltieren, dann sei alles aufs beste geordnet und glückliche Zeiten stünden bevor [. . .] Aber nun bringt dasselbe feindliche Flugblatt auch den berühmten objektiven Artikel. Wer nun der Versuchung erliegt und trotz aller Verbote den Aufsatz liest, der wird zunächst stutzig. Das ist ein kühler, objektiver, deutscher militärischer Stil. Kein Wort zu viel und keins zu wenig [. . .] Denn nun folgen die Schlußsätze des scheinbar so objektiven Berichtes. Wieder wird im Stil der kühlen Sachlichkeit festgestellt, wer die Schuld an dem Ausgang der Kämpfe trage [. . .]« [Mitteilungen für das Offizierskorps August 1944, Nr. 34, Oberkommando der Wehrmacht].

[67] **When Will the War Be Over?** – Codezeichen 648 SK 1 C –

21 × 15 cm – zweiseitig bedruckt – Schmuckfarbe Rot und Blau – im Dezember 1944 über amerikanischen Truppen im Westen verbreitet.
A: Das Flugblatt belegt den Versuch, in die Auseinandersetzung der Alliierten um die Landkarte Europas einzugreifen. Geheime Ministerkonferenz 12. 2. 1943: »Mit dem Näherrücken der bolschewistischen Gefahr, verstärke sich die Angst der Neutralen und das Zusammengehörigkeitsgefühl der mit uns verbündeten Staaten, das Thema Bolschewismus spreche alle an«. [›Wollt Ihr den totalen Krieg?‹, a.a.O., S. 336].

[68] **Daddy, you just got to come home . . .** – ohne Codezeichen – 15 × 19 cm – zweiseitig bedruckt – Schmuckfarbe Blau – im Dezember 1944 über anglo-amerikanischen Truppen im Westen verbreitet.

[69] **Job on two fronts** – Codezeichen SKJ 2006 – 14 × 21 cm – zweiseitig bedruckt – Schmuckfarbe Rot – im Dezember 1944 und Anfang 1945 über amerikanischen Truppen im Westen verbreitet.

[70] **»This is an Experiment – let's try it«** – Codezeichen E-120 – 14 × 20 cm – vierseitig bedruckt – einfarbig – im Jahre 1944 über England verbreitet. Das Flugblatt wurde vermutlich mit der V 1 Rakete verschossen.
A: Die Diskussion im In- und Ausland über den Luftkrieg gegen zivile Ziele wurde während des ganzen Krieges weitergeführt. Das Flugblatt sollte die V-Raketenbombardements als Vergeltung für die Zerstörung deutscher Städte erklären. Die V 1 Rakete konnte 800 kg Sprengstoff ins Ziel bringen; der erste Einsatz erfolgte am 13. 6. 1944 gegen England, eine Woche nach der Invasion. Insgesamt wurden 9300 V-Raketen auf England abgeschossen.

[71] **Passierschein** – Codezeichen US/GB-ZG 61 A –1944– 11 × 18cm – zweiseitig bedruckt – Schmuckfarbe Rot – 1944 und Anfang 1945 über deutschen Truppen verbreitet.
A: Der von den Alliierten verwendete Überlauf- bzw. Passierschein wurde optisch wie ein Wertpapier gestaltet. Von Juni 1944 bis Kriegsende wurden monatlich durchschnittlich 10 Millionen Exemplare über den kämpfenden deutschen Truppen abgeworfen oder mit Artilleriegranaten verschossen.

[72] **Passierschein** – ohne Codezeichen – 13 × 21 cm – zweiseitig bedruckt – Schmuckfarbe Rot – 1944 und Anfang 1945 über den anglo-amerikanischen Truppen verbreitet.

A: Die deutsche Fassung des Passierscheins verändert die Bedingungen für den sich ergebenden Soldaten entscheidend: 10 Jahre Gefangenschaft, usw. Es ist anzunehmen, daß diese Form der Gegenpropaganda auch unter den eigenen Truppen zur Verunsicherung beitrug.

[73] **Two ways of spending the war** – Codezeichen 3 – 10×14 cm – transparente Karte, dreiseitig bedruckt – Schmuckfarbe Rot – 1944 und Anfang 1945 über anglo-amerikanischen Truppen im Westen verbreitet.
A: Vgl. das Flugblatt Nr. 8. Die Argumentation versucht die Klassenunterschiede zu aktivieren: Des Reichen Krieg und der Armen Kampf sehen anders aus.

[74] **Militärregierung-Deutschland** – Codezeichen WG 12 – 24×15 cm – zweiseitig bedruckt; nur eine Seite faksimiliert – einfarbig – 1944/45 über den besetzten Gebieten des deutschen Reiches verbreitet.
A: Am 21. 10. 1944 wurde Aachen von den Amerikanern erobert. Die Ardennenoffensive der deutschen Wehrmacht konnte die ihr gesteckten Ziele zwar nicht erreichen, brachte jedoch zunächst einige Geländegewinne. Erst am 30. 2. 1945 erreichten die Amerikaner den Rhein südlich von Düsseldorf. Bemerkenswert in der Argumentation ist die Differenzierung zwischen »Nationalsozialisten« und »deutscher Bevölkerung«.

[75] **Rückkämpfer! Wir zeigen Dir den Weg zu uns!** – Codezeichen SKW 601 – 22×29 cm – einseitig bedruckt – einfarbig – 1945 über versprengten deutschen Truppen im Osten verbreitet.
A: Mitte Februar 1945 eroberten die Russen Pommern. Danzig kapitulierte am 28. 3. 1945, Königsberg am 9. 4. 1945. Die eingezeichnete Hauptkampflinie auf dem Flugblatt entspricht der Lage von Anfang März 1945.

[76] **Marschall Stalin über Deutschlands Zukunft** – Codezeichen 1434 – 21. 3. 45 – 15×23 cm – zweiseitig bedruckt – einfarbig – im März 1945 über deutschen Soldaten an der Ostfront verbreitet.
Geheime Ministerkonferenz 21. 1. 1943: »Anhand einer Nummer der Moskauer ›Prawda‹ erläutert der Minister die Propagandamethoden der Russen. Der Erfolg der russischen Propaganda beruhe auf den ständigen Wiederholungen. Die Russen hätten wenige Grundsätze der Propaganda aufgestellt und durch die gesamten Zeitungen zögen sich diese Grundsätze hindurch. Es seien dies die beiden Grundsätze, daß

den Russen der Hals abgeschnitten werde oder daß man sie in die Versklavung führen werde [. . .] Von dieser Methode könnten wir nur lernen, und wir sollten auch einige Grundsätze immer wieder durchklingen lassen. Einer dieser Grundsätze sei der, daß, gleichgültig wie die einzelnen Deutschen zum Nationalsozialismus stehen, wenn wir besiegt würden, jedem der Hals abgeschnitten werde. Diese Propagandaparole werde sich durchsetzen. Außerdem verlangen die Leute ja die Wiederholung [. . .]« [›Wollt Ihr den totalen Krieg?‹, a.a.O., S. 324].

[77] **Extrablatt-Nachrichten für die Truppe** – ohne Codezeichen – 28×42 cm – zweiseitig bedruckt; nur eine Seite abgebildet – einfarbig – Anfang Mai 1945 über dem ehemaligen deutschen Reichsgebiet verbreitet.
A: Am 4. 5. 1945 unterzeichnete General-Admiral von Friedeburg im Hauptquartier Montgomery in Lüneburg die bedingungslose Kapitulation der deutschen Streitkräfte in Holland, Nordwestdeutschland, Dänemark und Norwegen. Am 7. 5. 1945 kapitulierte die deutsche Wehrmacht bedingungslos in Eisenhowers Hauptquartier in Reims. Am 8. 5. 1945 wurde der Kapitulationsakt im sowjetischen Hauptquartier in Berlin-Karlshorst wiederholt. Die Gesamtkapitulation trat am 8. 5. 1945 um 23.01 Uhr in Kraft.